文庫

澤地久枝

密 約

外務省機密漏洩事件

岩波書店

目次

第一章　発　端

昭和四十九(一九七四)年一月三十一日――。いつもと同じ、東京地裁第七〇一号法廷。いつもと違うのは、記者席も傍聴席もギッチリ満員で、うしろの方に立っている人さえあることぐらいだろうか。

裁判所の連絡用ドアから、坂田治吉弁護士の手にささえられながら、蓮見喜久子さんが入廷する。ヘアスタイルがかわったのだ、ちょっと見ると若々しいが、泣いたあとのようにはればったい、冴えない顔色だ。

傍聴席のすぐ前、横一列にふたつベンチのならんだ被告席の真ん中に坐る。黒いコートをぬいだ下は、やはり黒のワンピース。黒い靴に黒いバッグ。黒ずくめでまるで喪に服す人のようだ。

いつもは早々と入廷する西山太吉記者が、オーバーをぬぎながらあわただしい足どりで入ってきて、被告席の左はじに坐った。すぐに開廷。

――被告人は前へ。

山本卓裁判長の声で、二人は法廷中央へ歩いてゆき、距離は保ちながら並んで立った。チャコール・グレイの背広に、ガッシリと肉厚な軀を包み、首が背広の衿にうずまりそうに上半身力の入った西山記者と、断髪の髪がすっかり前に落ちかかるほどうなだれた蓮見元外務事務官。まず、判決の主文がいいわたされる。

――被告人、蓮見喜久子。懲役六ヵ月。

ここで声がとぎれて、一瞬の沈黙があった。裁判長はほんの一息いれただけなのだが、《懲役六ヵ月》という声が、グヮーンと頭にひびいて、時間が停止したみたいだ。

――判決確定の日から一年間、刑の執行を猶予する。

蓮見さんの黒い洋服の肩がゆれ、左の肘がケイレンをおこしそうに曲って浮きあがった。昭和四十八年十月の最終弁論の日から三ヵ月、ちょうどひとまわり小さくなった感じである。

――被告人、西山太吉。無罪。

法廷には、「ウーン」というような声のない熱いどよめきがたちまちひろがった。最前列にならんで傍聴していた若い男たちは、顔を見合わせてうなずきあうと、ちょっとためらうようなぎごちない身動きをしてから、握手をしている。記者席からは何人かが空気をざわざわさせながら外へ出ていった。

判決文の言いわたしけ長くなるから、着席して聞くようにと言われて、二人は席にもどる。黒い髪で半分かくれている蓮見さんの顔はクチャクチャに歪んでいた。

判決文はなるほど長文で、かなり早口で読みあげられたが、二時間近くかかった。

閉廷に先立ち裁判長は蓮見さんに向って、ねんごろな口調で、異議があれば二週間以内に上訴することができると告げたが、蓮見さんが早くから上訴の権利を放棄していることは、裁判を傍聴してきた者はよく知っている。

閉廷となって、傍聴人たちは肩と肩をぶつけるようにして法廷を出てゆきけじめたが、なんとなく重苦しい沈黙があった。

外へ出たのは正午すぎ。今朝傍聴券を手に入れるために並んでいた頃には粉雪が舞っていた東京地裁前の歩道は、すっかり乾いて名残りもない。重い、沈んでゆくような気持がどこから来ているのか、自分でもまだはっきりとはわからぬまま、冷え冷えした外気の中を歩きはじめる。彼らの上になにが起り、そしてこの法廷でなにが裁かれたのか。西山無罪の判決には安堵しながら、このやりきれない思いはどこから来ているのだろうか。

この事件の序章は、沖縄——第二次世界大戦の結果、米軍の施政権下にとりのこされた島々と百万の人々、その本土復帰の問題からはじまる。しかし、事柄が事件としての性格を帯びはじめるのは、昭和四十六(一九七一)年十二月、衆議院が舞台である。

この年六月十七日に、沖縄返還協定調印。協定は十一月十七日、衆議院の沖縄返還協定特別委員会の七日目、社会党委員の質問途中で自民党政府によって強行採決された。審議された時間は、政府側の提案説明もふくめて二十三時間四十四分である。

十二月七日、衆議院連合審査委員会の席上、社会党の横路孝弘委員がはじめて《肩代り密約》の問題をもちだしたとき、返還協定はすでに衆議院を通過し、参議院へ送られていた。

床次徳二委員長 次に、横路孝弘君。

横路委員 初めに総理にお伺いをしたいと思います。

今度の沖縄のこの返還交渉というのは、非常に時間もかかりましたし、相手のあることですから、たいへん苦労されたと思うわけであります。ただ、外交というのは、やはりいやしくも重要な点で秘密の協定とか取りきめというものがあってはならない。とりわけ国民の権利義務に関することとか、国民の税金に関するような問題については、やはりできるだけ国会の中で明らかにするということでなければならないと思いますが、今度の対米交渉の中で、政府としてはそういう基本的な点についてどのようにお考えになって交渉を進められてきたのか、まずその点について総理大臣明らかにしていただきたい。

昭和四十年夏はじめて沖縄を訪問し、「沖縄が復帰するまでは戦後は終らない」と語った佐藤栄作首相は、息子のように若い反対党の委員の質問に答えるべく、席を立ってきた。

佐藤内閣総理大臣　原則としては、ただいまお話しになるようなことを政府も考えております。同感でございます。ただ、相手のあることでございますから、なかなかその原則を貫くということはたいへんむずかしいことである。そこらに相互の歩み寄り等も考えられる、こういうことが実際の問題であります。

どう問題が展開しても、この答弁ならいかようにも逃げ道がありそうな手馴れた答弁である。

横路委員　今度の沖縄返還の対米交渉の中で、アメリカ側の態度というものは、基本的に言うと、二つの基本的な態度というものが向こう側にあったと思うのですね。一つは何かと言いますと、沖縄を日本に返してやる、しかし、金についてはアメリカ側は一銭も払わない、これがまず一つのアメリカ側の基本的な姿勢である。もう一つは、いわゆる在沖縄米軍の基地の機能というものが変化をしない、基地機能の維持という、この二つの点がアメリカ側の態度として明確になっていただろうと思う。その辺が皆さん方が苦労された最大の焦点じゃないかと思うのですが、この在沖縄米軍の基地機能については非常に大きな問題がありますが、皆さん方は一応これは日米安保条約の適用によって縛られるという答弁を繰り返されてきた。

そこで、私が一つ大きく疑問としているのは、従来、アメリカ政府は議会に対して、沖縄返還にあたって金銭の支払いは一切しない、こういう姿勢であったわけでありますが、この協定(沖縄返還協定)の四条の3項(注・復元補償の項)によりますと、「土地の原状回復のための自発的支払い」という一項目があるわけであります。そこでお尋ねしたいのでありますけれども、アメリカ側が交渉の最終段階でこれを認めたいきさつというのは、どういうことになっていますか。これは外務大臣、当時の大蔵大臣でいろいろその間の経過も十分ご承知だろうと思いますので、ひとつ外務大臣からお答えをいただきたい。

返還交渉当時大蔵大臣であった福田赳夫外務大臣が答弁に立った。

福田外務大臣　アメリカ側は、いわゆる請求権問題、これに対してはきわめて消極的な態度をとっておったわけであります。しかし、請求権問題は、米政府の手によって解決してもらいたい、こういう要請をいたしまして、まずアメリカの法令、現地の法令に基づくものはこれは支払いますということになったんですが、あと復元補償、海没地の補償、これにつきましては、当時状況がはっきりいたしておりましたので、アメリカ側が支払いの任に当たる、こういうふうに相なった次第でございます。

横路委員がこの日、のちに問題となる《肩代り密約》電信文の内容をほぼ正確に知っていたことは、このあとにつづく質問の中にはっきり残っている。

横路委員　条約局長、（アメリカには）十九世紀末の法律があるでしょう。

井川克一政府委員　私は存じません。

横路委員　海外からお金を引き出して、それを基金として国務長官の権限で支出をするという、国務長官の権限に関する法律というのがあるでしょう、交渉の中で問題になったでしょう、あなた。知っていることをそうやってとぼけてはだめですよ。

井川政府委員　私たちといたしましては、条約の規定によりましてこの穴をアメリカ側に埋めさせるということが責任でございまして、これだけはまあ目的を達したと思います。それが、向うがいかなる支払いをいたしますか、いかなる方法によって支払いをいたしますかは、私は存じません。

この政府側委員は、横路委員の質問の焦点をおそらく誰よりもよく知っている。佐藤内閣が返還協定の大枠をきめたとすれば、その具体的項目のつめの事務をおこなった当事者、外務省の条約局長なのであるから。

横路委員がもちだした十九世紀末の法律とは、ひどく古色蒼然とした感じだが、これは米国で一八九六年二月に制定された「トラスト・ファンド」(合衆国市民のために外国政府から受け取る信託基金法)のことである。

アメリカ側は、沖縄返還について一銭の支出もしないと議会に約束していた。しかし、日本側提案による協定文四条3項には、復元補償費について、アメリカが自発的に支払うとある。この矛盾点が返還交渉の最後まで懸案として残り、実質的には日本政府が四百万ドルの財源を提供し、協定上は米国が支払うようにみせかけることで最終的な合意がなりたったものと思われる。

しかし、アメリカ政府としては、日本側が財源を提供する裏約束をしても、協定文にアメリカの自発的支払いの表現がある以上、議会の追及はまぬがれない。そこで、交渉の大詰めになってから、この十九世紀末の法律をひっぱり出して、日本政府の肩代り支出を受けとる道を考え出したのである。この経過は、一連の《秘密電信文》にあきらかに書かれていた。

つぎの横路発言も、《電信文》のなかの表現をそのまま使っている。

横路委員　それではお伺いしますけれども、この五月の段階の愛知(揆一)・マイヤー会談の中身というのを調べてみますと、最初にアメリカ側から、四百万ドルを上回ら

ないということを協定上明確にしてほしいという要求があった。それはこの中身から
いっておかしいじゃないかということになって、一応、しかし、財源は日本側が払う。
アメリカ側は財源のめんどうを見てもらったことについては多とするけれども、アメ
リカの議会対策上、日本側から財源が出たということが明確にならない限り議会説得
は困難だというやりとりが、皆さん方とアメリカとの間にあったはずであります。
十九世紀末の法律、つまり信託基金法のことは、のちに問題となる《極秘大至急電信文》
のなかに登場するし、また、この《電信文》には「かつ財源の心配までしてもらったこと
は多としているが」という表現もある。
この日、衆議院にはじめて登場した返還協定中の密約、とりわけ復元補償の請求権問題
は、この《電信文》をふまえて、やっと陽の目をみようとしていたといえよう。
横路委員　……最後は、四百万ドルを財源として支出をするということについては日
本側は了解したけれども、それを文書化するかどうかということが、パリ会議に持ち
込まれた一番の焦点になっていたはずであります。どうですか。これは別に役人の方
だけじゃなくて、当時の大蔵大臣であった福田外務大臣だってそのいきさつはご承知
のはずだし、総理大臣だってご承知のはずのことであります。どうですか、総理大臣。
何も役人だけがやってきたことじゃない。

佐藤総理大臣は答えず、福田外務大臣がつぎの表現でこれを否定した。

福田外務大臣　いま三億一千六百万ドルという数字が交渉の過程であったという話でありますが、それは大蔵大臣としての私は承知しておりませんです。まして、総理大臣がそういう数字をご存じであるはずがあろうとは思いませんでございます。

横路委員　この四百万ドル――いまのようないきさつの中で、ともかくアメリカ側は、議会対策上、お金を出したということになると議会が認めない、どうするか苦労された。国内法の根拠もないということになった。そこで、その十九世紀末の法律を持ってきて、海外から金を引き出してそれを基金にして支払う、これを根拠にしようじゃないかということになった。そうしてその四百万ドルを三億二千万ドルの中身に含めた。こういう重要な事実を、皆さん方は、七千万ドルは核撤去費だといって明らかにされない。これは明確なことを皆さん方十分ご承知のことでしょう。ごまかしちゃだめですよ。

三億二千万ドルというのは、沖縄返還とひきかえに日本が米国に支払う金額で、その内訳についての政府説明は、

琉球電力、琉球水道、琉球開発金融の三公社の有償ひきつぎ分・一億七千五百万ドル

米軍基地に働く労働者の退職金など労務費・七千五百万ドル

核兵器の撤去費など・七千万ドルとなっていて、とくに七千万ドルの精算根拠は「高度の政治的判断」ということになっている。

発言肩代り支出四百万ドルが、核兵器撤去のこの七千万ドルにふくまれているとみての横路発言である。この点に関連して社会党の大出俊委員が質問した。「七千万ドルの内訳というものは、むしろ積極的に言えるところまで言うべきなんです。……いかがですか。出せるギリギリまで出してください」

福田外相が立った。

福田外務大臣　七千万ドルの内訳につきましては、しばしばお答えしたわけでありますが、これはもう高度の政治判断。アメリカ側からかなり多額の要求がありました。それに対してわが国は、なるべく少ない額がよろしい、こういうようなことで、ぎりぎりの妥協をしたというのが七千万ドルでございます。妥協いたしましたのは、核の問題があります。また、これから米軍が撤退していく、資産を無償で残していく、そういうふうな問題があります。あるいは特殊部隊というものも含めての話です。そういうことを考慮いたしまして、多額の要求があるのに対して七千万ドルで手を打った、こういう性格のものでございますので、これは何と申しましても、どうも内訳というものを開示しがたいものだ。そういう性格のものとしてご理解願いたい、かように存じます。

大出委員　いまの外務大臣の答弁によると、高度の政治判断で七千万ドルで手を打ったから、その中身については、内訳については開示しがたいものとおっしゃった。あなたはずいぶん国民に対して無礼千万な答弁だ。国民の税金を使うのだ。中身については、内訳については開示しがたいもの、言いかえれば、中身、内訳は、横路君が指摘をした問題が入っているけれども、表へ出せない、そういうことになるじゃないですか。表に出さぬで済みますか、国民の税金を四百万ドル使うのに。さっきの問題一点取り上げてもそうだ。中身については、内訳については開示しがたいとあなたはおっしゃる。その中身、内訳を出せとぼくらは言っている。そうしなければ審議できぬじゃないですか。出してください、それを。出せなければ審議できない。

福田外務大臣　中身というものを具体的に申し上げるまで固まらないんです。先ほど申し上げましたように、核の問題があります。また、これから米軍が引き揚げていく、その資産を無償で残していく、こういう問題があります。それらを考慮いたしまして、米政府から多額の要求があったのでありまするが、七千万ドルでひとつ手を打ちましょう、こういう高度の政治判断の結果がこの七千万ドルでありますので、これは、内容をと言われても、はんとうにお話しできない。ないんですからお話しできない。こういう次第でございます。

沖縄返還にあたって対日支出はしないと議会に約束したという一条を楯にとり、本来支払うべき復元補償(未決済の返還軍用基地の原状回復費用)の支出を拒み、日本政府が肩代り支払いをすることになってからも、議会に対する合理的な説明を必要とした米国側の姿勢に対して、国民の税金の支出にあたって、議会での説明を高度の政治判断を楯に押しきろうとするあたり、日本政府の政治姿勢は外に向いても内に向いてもずいぶん異質のものを感じさせる。これは知る権利つまりはタックス・ペイヤーに対する政府の義務という感覚が、日本と米国とでどれだけ差があるかということでもある。

このあとは、「つかみ金はみとめられない。七千万ドルの内訳を示せ」という大出委員と、「中身は出すわけにいかぬ」という福田外相の押し問答になった。

大出氏はチラリとかくした「切札」を見せた。

大出委員　あなた方は途中までの経過のメモはある。実はぼくら見ているのですよ。お出しください。

結局この日は、問題を留保し、質疑を続行することで閉会になった。

つづく十二月十三日、沖縄及び北方問題に関する特別委員会では、横路委員と福田外相とのやりとりがつづいた。

横路委員　結局、七千万ドル出すことによって施政権を買い取ったというような意味ですね、いまのお話を聞いておると。この七千万ドルの政治的配慮ということの中にこの四条3項というのも入っているんじゃないのですか。

福田外務大臣　それは、特定してそれを入れておる考え方はありませんです。

横路委員　特定してということよりは、つまり、アメリカ側がいろいろ出費がかさむから、それを考慮して七千万ドルをきめたというわけでしょう。したがって、いろいろな出費の中には四条3項という出費もあるわけですから、これもこの政治的配慮の中に入っているんじゃありませんか、こういうことです。

福田外務大臣　それは、七千万ドルの中に含めておる考え方はとっておりませんです。

また押し問答になった。

横路委員　そこで、この間、議事録等が存在をしているんじゃないかということで、それの提出を求めたわけでありますが、ちょっとその誤解があったようなんで、私が要求したのは、日米間の議事録といわれるような、お互いに署名した共用のメモというような意味じゃなくて、いろいろな会議が、この間の質疑の中で明らかになったことは、五月の段階で三回、五月の十一日、二十四日、二十八日、六月二日、六月九日等、愛知・マイヤー会談というのが行われているわけです。その議事録というよりは、その交渉の過程を日本側でメモして部内用にやはり資料として作成して幹部の中に回すわけでしょう。そういう記録が存在をしているから出しなさい、こういう質問であったわけでありますが、議事録ということで何か皆さんのほうで誤解されているようなんですけれども、そういうものについてご提出を願いたいと思うのですが、いかがですか。

外務省の吉野文六アメリカ局長が立った。井川条約局長とともに沖縄交渉の主務者の一人である。

吉野政府委員　当時の交渉は、非常にデリケートな、最も重要な段階にありましたから、われわれとしては一切そのような議事録というものはとっておりません。みな口頭で先方と話し合い、かつ口頭で関係者に伝える、こういうことで、一切そのような文書はとっておりません。

横路委員　そうすると、たとえばパリ会談ですね、愛知・ロジャーズ会談、こういうような内容というのは――しかしながら、あれでしょう、公電としてちゃんと外務省に入るわけでしょう。

吉野政府委員　パリ会談は私自身がついてまいりましたから、当時の記憶をたどりますと、あらゆる重要なことは全部電話をもって本省と連絡いたしました。

横路委員はまだ証拠資料をもち出してはいないが、外務省が出先機関ととりかわした電信文をふまえての質問である。その電信文のなかには、昭和四十六年五月二十八日の愛知外相とマイヤー駐日米大使の会談、六月九日、パリにおける愛知・ロジャーズ会談での会談内容がふくまれている。電話連絡しかない、つまり提出する資料はないというのは、あきらかに嘘である。

横路委員　それではもう一度、少し明らかにしていきたいと思いますが、全然メモも何もない、これは常識的に非常におかしいわけでありまして、私たちの調べたところによりますと、一九七一年の五月二十八日の愛知・マイヤー会談の中でこういうやりとりがあるんじゃないかということを指摘をしたいと思うのです。

この中で、マイヤー大使の発言として、財源のめんどうを見てもらったことは多とするけれども、アメリカの議会対策上、日本側から財源が出たということが明確にならない限り、議会説得は困難だ。これに対して、愛知外務大臣は「文書化はむずかしい」と言い、マイヤー大使は「文書にしないと、日本側が四百万ドルを財源としたということを議会の中で答弁せざるを得ない、それではかえって日本側が困るんじゃないか」というようなやりとりがこの会談の中で出てきているんじゃありませんか。

吉野政府委員　いま先生がおっしゃったようなことは全然ございません。

かわった楢崎弥之助委員は、この年四月に新聞に報道された政府首脳と外国要人との会談について、記録があるのかないのかを質問した。佐藤首相は、このモブツ大統領との会見について、「メモはとっておりません。はっきり申し上げます」と答え、福田外相は、「これは記録されておるものもあるし、ないものもある、こういうことを申し上げております」と答えた。

井川条約局長はこれを受けて、

――(事務当局では)その局長の、あるいは審議官の判断で、記録すべきものは記録し、記録しないものはしない、これだけのことでございます、と発言した。

楢崎委員　もう一ぺん、じゃ、外務大臣にお伺いします。あるものもあり、ないものもある、私が言ったうち、どれがあって、どれがないのです。

福田外務大臣　……急に、そのうちのどれが記録にあり、記録にない、それを聞かれたって、直ちにはご答弁はいたしかねます。調べればわかります。……調べますが、外国の方々との話し合い、これの内容を公表する、これはできないものもありますから、その点はとくとご承知を願います。……理事会といえども、できるものと、できないものがあります。これは楢崎さんもよくご承知のとおりであります。

理事会は通常秘密会である。楢崎委員の言葉がきびしくなった。

——あなたたちはまだしらを切っておる。あるのです。もしあったらどうしますか。責任を負いますか。……メモは全部あるのです。全部あるじゃないですか。全部。私はそれを証明しますよ、ないとおっしゃるのなら。

政府側は、記録をとっているものもあり、とっていないものもあると同じ答弁を重ね、「メモは全部ある」「証明しますよ」という楢崎発言に対しても「それではここへ証拠を出していただきましょう」とはいわない。ヌラリクラリとしている。楢崎委員はまた焦点を沖縄返還協定四条3項にしぼり、これは日本側が何らかの形で支払うものを、アメリカが自発的に支払うという文章になっているのが問題なのだとして、言葉をつづけた。

——私がなぜこういうことを言っておるかというと、全部この記録、あるんですよ。あなたがいままで、あるものもあり、ないものもあるという答弁でしたが、全部ある。だから私はそれを突き合わしたい。この分も含めてです。私は理事会を要求します。突き合わせます。これは明確にしなくちゃなりません。これは大体沖縄返還協定の分です。それがああいう強行採決で審議ができなかった。四条3項の分です。これは私は明確にいたしたいと思います。われわれも責任をもってこれは出しておるのです。これは世にいう密約——アメリカのほうは密約と言っていない、あたりまえのことだと言っておる。ということは、アメリカが自分の手出しはしないということは初めからきまっている。これは明確にしていただきたい。

〈密約〉という言葉が、ここではじめて登場した。政府側は、即座にはっきりと否定した。

井川政府委員　密約というものは全くございません。それから、そのメモにつきましては、これは交渉当事者でございまするアメリカ局長が、ないと申しておるわけでございます。もちろん私の手元にはございません。

吉野政府委員　先ほど申し上げましたとおり、メモなるものは全然ございません。

〈密約〉はなく、メモのたぐいもぜんぜんないという二人の政府委員の発言を、福田外相がさらに補った。

福田外務大臣　横路さんから過日お尋ねがありましたので、私が、この交渉の衝に当たりました両局長につきましてしさいに聞いてみたのです。メモはありません。それから、横路さんのご質問の趣旨ですと、途中で三億一千六百万ドルという数字が出まして、それに四百万ドルを上乗せをした、こういうことになるべきはずでございますが、いかなる段階でも、三億一千六百万ドルという数字が出た、そういう記録も、また両局長の記憶もない、こういうことでございます。

「せっかくの320がうまくいかず316という端数となっては対外説明が難しくな

る」と、当時の愛知外相がマイヤー大使に語った言葉も、電信文のなかに記録されている。横路委員はジリジリしたにちがいない。

横路委員 この外務省の文書の取り扱いの中で、斜めに赤線で二本、そして極秘という判を押す、これはどういう種類の文書ですか。

この発言は、そういう文書を入手しているという一種の予告である。

吉野政府委員 先生のご指摘の文書は、われわれは持っておりません。しかしながら、いまご指摘の斜めに二本線が引いてあって極秘と書いてある、これは、その現物を見てみないと、われわれもはっきり申し上げることはできませんですが、電報の来電は、ある種のものは、そういう判ことというのか、そういうしるしがついております。

横路委員の質問のあとを辿れば、後日問題になった《電信文》に即した質問であることは疑う余地がない。証拠があるといわれてもいっこうに動ぜず、密約もメモもないという政府答弁を変えさせるには、あとはもう〈現物〉をつきつける以外にはない、それが四十六年十二月の衆議院であった。

政府側は、国会での追及を受けて、《秘密》が洩れたことは察知していたはずである。しかし、野党の青年議員がにぎっている切札がどんなものであるか、あるいは、切札をちらつかせてはいるが、実際に切札があるのかないのか、様子をうかがって、おそらくは高をくっていたのである。

昭和四十六年は終ろうとしていた。

第二章　封印された会話

衆議院での論戦をかりにハンティングにたとえれば、社会党委員たちは、密約をくわえた政府という獲物を追いつめて、銃をかまえ、照準を定めながら、その銃に弾丸はこめられていないという猟師に似ていた。

みすみす獲物を見逃すか、証拠という弾丸をこめて発射するかの二者択一の場に立ったのが、昭和四十六年の十二月の場面である。

この年の暮れ、弾丸つまりは《動かせぬ証拠》の運び出しにかかわった一組の男女に、近づいてくる〝運命〟と呼ぶべきものの足音は聞えていただろうか。密室での何時間か何十時間を共有した日は、まだ記憶としてはなまなましかったが、すでにその関係は終っていた。恋の燃え残り、あるいは浮気の余韻は記憶の底に沈めて、顔を合わせても、なにひとつ共通の過去などもたないような、さりげない挨拶——。

密室に封じこめ封印したものが、赤裸々にあばき出される日が来ることを、二人とも予想などしただろうか。外務省づめの記者クラブのキャップとして、親密《インチメート》だった一時期と同じように出入りする一人の新聞記者と、審議官つきの外務事務官としての一人の国家公務員とは、顔をあわせれば言葉には出せない気まずさがあったに違いない。

しかし、それぞれの家庭を破壊したりしない、分別のある大人同士のつきあいをと、ある日の密室で男が口にしたように、気まずさをサラリとかわして、同僚に気づかれないようなごくありふれた会話をかわすことのできる、大人らしい幕のひき方のできた二人がいた。すべては終ったことであるはずであった。

この年、五月十八日のこと、曇ってはいるがいつもとかわることのない五月の空があり、におうような新緑に、〈塵まみれなる街路樹に　哀《あは》れなる五月来《さつき》にけり　石だたみ都大路《みやこおほじ》を歩みつつ　恋しきや何《な》ぞわが古郷《ふるさと》〉と紀州の詩人の歌った五月の風情が感じられる朝。

前夜来、徹夜であっせんのつづいた私鉄の春闘は、未解決のまま朝を迎えていた。この日の朝刊第一面の見出しには、

《私鉄スト　時間切れ突入へ　徹夜あっせん難航　大手は終日の恐れもある》

と書かれている。霞が関の官庁街につとめる人々は、国電をつかって有楽町や新橋まで来て、まだ軽いコートがほしいような朝の大気のなかを、それぞれの職場へ急いだ。そのなかに蓮見さんもいた。

夕方、退庁時間が来ても、私鉄ストは解決されない。

外務省の安川外務審議官の部屋でも、事務官たちが、帰りの足をどうするかを話題にしていた。そこへ、いつもと同じように毎日新聞政治部の西山記者が顔を出し、会話の仲間入りをした。

――足がなくて困っているなら、適当なところまで俺が送ってやるよ。

年配の山田事務官は、

――私はなんとかして帰りますよ。蓮見さんは、せっかくだから送ってもらいなさいよ。

そう同僚に声をかけられて、蓮見事務官も気楽に応じた。

――それじゃ、送ってもらおうかな。

無線のタクシーを呼んで、霞ヶ関の外務省から竹橋の毎日新聞社まで帰る西山記者にとって、有楽町をまわるのはほんのちょっとの廻り道でしかない。有楽町まで送ってもらって、そこから国電で浦和まで帰る――、そう軽く胸算用した蓮見さんに対して、西山記者の方も、ほんのついで、といった好意でしかなかった。

三ヵ月ほど前、西山記者がクラブのキャップとして二度目の外務省勤務になったとき、挨拶に行った安川審議官の部屋で、秘書事務をとる蓮見事務官から、

――また戻られましたね。

と笑顔で迎えられた。二人がはじめて会ったのは昭和三十七、八年頃、蓮見さんは外務省雇いとして島審議官づきをしており、西山記者は、外務省の霞クラブづめの政治部記者だった。その当時には、顔見知りの範囲を出ず、親しく言葉をかわすような間柄ではなかった。

再会という言葉がふさわしいような親しさはなかったが、キャップになって戻ってきた、つまりは順調に出世の階段を昇ってきた男と、外務事務官の試験にうかって、安川審議官づきのポストを確保した一人の女との再会は、どちらにも晴れがましさに似たものはあっても、いやなものではなかったはずである。

蓮見さんは昭和三十四年に蓮見武雄氏と結婚して、病身の夫にかわって外務省の臨時職員になった。三十七年に外務省雇いとなり、三十九年四月に外務事務官になっている。安川審議官づきになったのは、西山記者との〝再会〟から半年ばかり前の、四十五年七月であり、蓮見さんの外務省づとめを通じていちばん油ものり、自信も身についた時期であったといえよう。

西山記者は、外務省のなかではなかなかの〈顔〉であった。外務省幹部に知己も多く、外交問題にも明るいことから、折から進行中であった沖縄返還交渉の担当キャップとして、外務省へ戻ってきた形である。とりわけ、安川審議官とは、親しい間柄であり、四十六年二月のキャップ就任以来、その部屋へは足繁く出入りした。

外交交渉が次第に煮つまり、大詰めをむかえようとしていた四月頃になると、ほとんど毎日、安川審議官の部屋を訪問する西山記者の姿がみられ、電話も日に二、三回かかってくることもあった。あらかじめ約束もせずにあらわれて、やや強引に審議官の部屋へ通り、事務官たちが困惑をみせれば、「いいよ、いいよ、大丈夫」というように笑顔を見せる西山記者との応対や、電話のとりつぎをするのは、蓮見事務官の仕事である。

大臣室、次官室と並んで審議官室は四階にあり、西山記者の所属する霞クラブは三階にある。仕事をかいぞえにして、四月から五月の一時期、わけもなく気安い、親しい馴れの気分が漂いはじめた。

いつも世話になるから、山田、蓮見両事務官を食事に招きたいと言っていた西山記者から、日時をきめて招待があったのは四月末か五月はじめだが、この日は、山田事務官の都合が悪くて実現しなかった。それで、この二人を食事に招くことは西山記者には〈宿題〉になっていたともいえるし、蓮見事務官の方にも、ごく自然に誘いを受けいれてもいいような気分があとをひいていた。

毎日のように顔を合わせ、日に何度となく電話で声をかわしあい、会えばとりとめない世間話もかわす。こうしていつとはなく気心を知りあったようなへだてのなさが、私鉄ストの宵、二人を一台の車にのせるめぐりあいを運んできたといえよう。この出会いは誰がたくらんだのでもない。自然のなりゆきだった。

その夕方、西山記者はなかなか仕事が片づかず、蓮見さんを送ると約束してからも思わぬ時間を食っていた。その上、呼んだ無線タクシーはいつもより時間がかかった。蓮見事務官は、つい西山記者の好意に乗った自分を後悔するほどの時間を待たされた。

二人をのせたタクシーが外務省前を走り出したのは七時前後。車ははじめ、有楽町へ向って走っていたが、やがて方向をかえた。透きとおりそうに碧い初夏の宵闇が窓外を流れていた。

この五月十八日の『毎日新聞』の朝刊には、私鉄ストのニュースとともに、暗示的なひとつの記事がのっている。この長文の記事に署名はないが、外務省づめのキャップとして、西山記者の書いたものである。

各社のスクープ合戦のなかで、『毎日』は請求権肩代り問題で先行していた。蓮見事務官と特定な関係が出来る以前に、西山記者は記事にする裏づけのある資料をキャッチしていたといえる。この時点で書き得る総まとめの原稿を活字にして、西山記者にも忙中閑ありの解放感のある五月の夜であったことになる。

この長文の記事を、

「政治、経済、外交などいわゆる新聞の一面の記事になるような事柄には、あまり関心をもっておりません。組合運動にもまったく無関心で……」

と検察官に自分から語っている蓮見さんは、読んではいなかったかもしれない。まだ紙面に〈密約〉という言葉はあらわれないが、『毎日新聞』が復元補償費の日本政府による肩代りを報道したのは、五月に入ってこれで三回目である。

《〔沖縄返還交渉〕住民の対米請求を優先　軍用地復元、重点に　政府は全面肩代わりも準備》

この大見出しのあとへ、つぎの文章がつづいている。

「(外務省筋は)VOA(アメリカの声)放送施設など〝一括解決〟されることになっている諸懸案のうち、特に対米請求は現地住民一人々々に利害が直接結びついているので、米側の補償がゼロといった事態になれば現地の不満が一挙に爆発する恐れもあるとみて、これらを優先的に取上げ、日本側の主張を貫きたい、との方針を明らかにした。政府としては、さまざまな住民の対米請求のうち、昭和三十六年七月一日以降、地主に解放された軍用地に対する復元補償は『米側が補償すべき十分な根拠がある』と指摘して重点的に打診している。その決着の仕方はVOAと並んで最終段階の折衝の大きな〝目〟となってきた。

今後の日米折衝はVOAの扱いなど実体問題が未解決となっている懸案を詰めるのと並

行して、すでに実体が煮詰まった事項の協定案文作りを急ぐことになっている。問題となっている対米請求は国としての対米請求権は平和条約第十九条によって放棄し、協定上もその旨明記されるが『現地住民個々の損害補償請求まで放棄するものではない』との観点から米側に支払いを求めているもの。

現地から出されている対米請求は漁業補償、軍用地接収に伴う離農補償、基地公害の補償など広範囲にわたっている。このうち、米側は昭和四十年にいわゆる『講和前補償』を行ない、講和発効前に発生した人身損害の補償と、軍用地の復元補償（実際には三十六年六月までの請求も含めた）として合計一千万ドル（七十二億円）を支払った。

しかし①昭和三十六年七月一日以降地主に返還された軍用地のうち、土が削り取られたままのつぶれ地、コンクリート張りのままの土地の現状回復補償②講和前補償のうち人身損害の補償もれ——の二種について日本側は『米側が支払うべき根拠がハッキリしている』としており、その理由として『講和前に一度行なっているのに、その後認めないのは衡平《こうへい》の原則に反する』点を指摘している。

これに該当する請求は、昭和三十六年七月一日以降地主に返還された軍用地の復元補償が四百六十三万平方メートルで四百二十万ドル＝約十五億円、人身損害の補償もれが三百三十四件で五十九万ドル＝同二億円となっている。

これに対し米側は①講和前補償として二千万ドル支出したとき、これ一回だけ、と議会に説明している②さしあたって財源の準備がない――ことを理由に当初から支払いを拒否し続けている。

これまでの折衝で米側は『軍用地の復元補償だけ支払うべき根拠はある』ことは認めたといわれるが『沖縄返還に当たって米側の支出は一切避ける』との基本方針から支払いをしぶっているようだ。政府としては、軍用地主が『復元補償が認められなければ新たに提供する軍用地の契約にも応じない』との態度もみせているため、最悪の場合は政府の全面肩代りも準備している。『米側の支払いゼロ』の場合は感情的反撥が強まる恐れがあり、どうしても米側の補償が必要と判断している」(『毎日新聞』昭和四十六年五月十八日朝刊)

沖縄戦終結から二十六年たったこの頃、基地の島と呼ばれる沖縄がどんな実状にあったか、数字で示された資料がある。

〈沖縄における軍用地面積〉

沖縄陸地総面積の八・七パーセント。

ほとんどが沖縄本島に集中し、本島における軍用地面積は一四パーセント。各地区別の軍用地の占める割合――沖縄本島北部地区一一・八パーセント、中部地区三二・四パーセント、南部地区四パーセント。

〈軍用地のもっとも多い市町村での軍用地の占拠率〉
嘉手納《かでな》村・七八パーセント
読谷《よみたん》村・六二パーセント
北谷《ちゃたん》村・七〇パーセント
コザ市・六七パーセント
金武《きん》村・六三パーセント
宜野座《ぎのざ》村・五八パーセント
〈軍用地内の耕地面積〉
沖縄全耕地面積の・一一・二七パーセントを占め、沖縄本島北部地区一〇・六七パーセント、中部地区四三・五六パーセント、南部地区一・五六パーセント。
この割合のもっとも高い市町村は――
嘉手納村・九五パーセント
読谷村・七四パーセント
北谷村・九二パーセント
コザ市・七七パーセント
金武村・四二パーセント　（琉球政府資料）

無表情な数字に、砂糖きびの栽培を中心とする農業によって生きてきた沖縄にとって、米軍基地の重さがどんなに苛酷であったかの片鱗がのぞいている。

蓮見さんが五月十八日の夜、浦和の自宅へ帰ったのは、十二時近かった。小雨が落ちかかっていた。ちょうどこの時間、米軍占領下の二十七年目をむかえる沖縄では、十九日午前零時を期して、二十四時間ゼネストへ突入している。スト宣言は日米共同声明路線による沖縄返還協定の粉砕を叫び、「県民不在の返還は許せない」と、長い異民族支配のもとに見捨てられた沖縄島民の苦渋と憤りを表明していた。

蓮見さんが手帳の五月十八日の欄に「N氏、S駅前」と書いた私鉄ストの日から三日後、西山記者から「明日会いたい、場所はどこがいいだろうか」という電話がはいった。翌二十二日は土曜日である。蓮見さんの方からホテル・ニューオータニにあるバー・カプリを指定し、二時に落ち合う約束をした。手帳にはまた「N氏TEL」という書きこみがくわえられた。

二十二日、ホテルのバーで落ち合い、そこを出てタクシーに乗ってから、西山記者は「横浜へ行こうか」と言って時計を見た。そして、「今からじゃあ行ってもしようがないな。渋谷にするか」とひとり言を言って、運転手に行先きを指示した。車は、西山記者が仕事に疲れたときマッサージをとるのに時々使うという山王ホテルへむかった。

この土曜の午後、密室でのひとときを過したあとで、西山記者は蓮見さんの顔をのぞきこむようにしながら、「沖縄関係の取材に困っているんだ。助けると思って、君の手許にまわってくる書類を見せてくれないか」という意味の話をした。「外務省や安川さんには勿論、君にも絶対迷惑はかけない。そのままの形で記事にするようなことは絶対しない。頭に入れておいて、記事を書く際の参考にするだけなのだ」とも言った。

この、ホテルの一室での会話が、どんな情景のもとにかわされたのか、今では当事者である蓮見さんの言い方も転々としているし、正確な再現などのぞむべくもない。しかし、蓮見さんは二十四日の夕方、六時半頃、安川審議官のもとへまわされてきていた秘密書類をもって外務省を出、西山記者との待ち合せの場所へむかった。このとき蓮見さんの手にした風呂敷包みのなかには、沖縄の基地返還リストなどの秘密資料がしまわれていた。

この日ホテル・ニューオータニで待ち合せ、四谷のバーへ行ってからこの資料を受けとった西山記者は、翌二十五日の朝刊に「沖縄　核抜き費用負担　支払い規定で〝暗示〟政府要望」という記事を書いている。蓮見↓西山の〝協力〟関係で書かれた最初の記事である。

五月二十五日からはほとんど毎日、蓮見さんは赤坂の第一三州ビルにある秋元事務所へゆき、そこで西山記者にあった。この事務所は「政策研究所」のプレートを出し、元読売新聞記者で西山記者の友人である秋元秀雄氏の事務所である。

午後七時という約束の時間に出かけてゆくとき、蓮見さんは、いつも役所の秘密書類をもって外務省を出た。そして一週間か十日に一度、二人は山王ホテルで落ち合った。

こうして、西山記者は、

《〝目玉〟消える？　沖縄協定　完全返還は数年先　那覇空港　移転費も別途要求》（五月二十六日朝刊）

《沖縄協定文まとまる　慰謝料（軍用地の復元補償）400万ドル》（六月十一日朝刊）

などの記事を書いていった。この六月十一日の返還協定文はまず『朝日』がスクープし、各社が報じたが、慰謝料四百万ドルと正確に数字をあげているのは『毎日』一紙である。『毎日新聞』は、各社の激しい取材競争の渦中にあって、鼻ひとつどころではない優位を占めつつあった。

この頃の新聞を読み返すと、沖縄がかえってくるその内容を問題にするよりも、調印の日取りを問題にしている。ちょうど、参議院選挙が近づいていた（六月四日公示、二十七日投票）。政府は、沖縄復帰の成果をかかげて有利な参院選をたたかう腹で、外交交渉のまとまるのをしきりに急いでいた。

早期解決の必要に迫られていることを相手にさとられれば、対等な取引きなどできないのは、縁談もそうだろうし、商売も外交も同じようなものである。その不利を百も承知で、参院選に間に合わせようとしている佐藤政府を相手のかけひきは、米国の方が役者も上手《うわて》なら、条件もきわめて優利だったといえる。

五月下旬、交渉はいよいよ大詰めへきた。五月二十八日午後四時半から、外務省で愛知外相とマイヤー駐日米大使の会談がひらかれたが、スナイダー米公使もまじえ、一時間二十分にわたる話し合いがおこなわれたと新聞は伝えている。返還協定は、パリで予定されている愛知・ロジャーズ会談によって総仕上げされる見通しで、したがって調印は六月半ばになるであろうということや、VOA問題の決着はつかなかったなど、会談の雰囲気は報道されているが、この日のデリケートな会話は、もちろん秘められたままであった。

会談の席上、対米請求権問題に関して――。

愛知外相　日本案を受諾されたい。

マイヤー大使　米側としては日本側の立場もよくわかり、かつ財源の心配までしてもらったことは多としているが、議会に対し「見舞金」については予算要求をしないとの言質をとられているので非常な困難に直面している。

スナイダー公使　第四条3項日本案の文言では、必ず議会に対し財源に関する公開の説明を要求され、かえって日本側が困るのではないか。問題は実質ではなく appearance(注・みせかけ)である。

愛知外相　なんとか政治的に解決する方法を探求されたく、なおせっかくの320がうまくいかず316という端数となっては、対外説明が難しくなる。

これは、五月二十八日付愛知外務大臣発牛場在米大使あて第一〇三四号極秘大至急電信文の文章を、会話風におきかえたものである。議会でこの問題が紛糾してから極秘指定が解除になったので、こうして引用することも可能になった。この電信文も、蓮見さんから西山記者へと渡されたもののひとつである。

ここで、320といっているのは、対米支払い額の三億二千万ドルを意味し、316というのは、肩代りの四百万ドルの話が不調になった場合の対米支払い金額三億一千六百万ドルをさしている。対外説明とあるが、もとより米国など外国に対して説明するいわれのある数字ではないから、対外説明とは日本国内、議会に対する説明のことである。

愛知外相とマイヤー大使は、六月四日にも午前十時から一時間ほどの会談をもった。マイヤー大使はこの日の夕方帰国の途につき、愛知外相もパリで開かれるOECD(経済協力開発機構)会議へ出席のため、五日に羽田をたつことになっていた。したがって、六月四日の会談は約一年間にわたりつづいてきた愛知・マイヤー会談の最終回になるものだった。

新聞は、この日の会談で、懸案は平行線のまま終ったと伝えている。懸案は、パリの会議に議長として出席するロジャーズ米国務長官と、愛知外相との会談にもちこしになった。この懸案のなかでも難問とみられていたのが、軍用地復元に関する補償費の問題で、アメリカが容易に譲ろうとしないことも、日本政府が全面肩代りの意思をもっていることも、五月以降たびたび報道されて、よく知られている事柄であった。

この復元補償費四百万ドルについては、私自身、法廷へ通うようになってからも、なかなか頭に入りにくかった。判決が近づいた日、ある言論人の集まりでこの裁判が話題になったとき、一人の男性編集者が、裁判批判の発言の頭に、

——四百万円か四百万ドルか知りませんがね……。

と語ったのがひどく印象的であった。実際には国民の税金であるのに、自分の手を一度放れた金に対しては、私たちは鷹揚なのか、忘れっぽいのか、あるいは無関心なのか。

沖縄返還協定によると、日本は米施政権下で生じた対米請求権を、原則的に放棄している(四条1項)。放棄したもののなかには、残地補償請求、離作補償請求、水利補償請求、近傍財産補償請求、入会補償請求、漁業補償請求、土地復元補償請求(補償もれもしくは未補償のもの)、地上物件補償請求、境界設定費補償請求、土地貸借料補償請求、復帰前の米軍賠償委員会による却下等事案補償請求、米国土地損害賠償請求審査委員会等による

却下等事案補償請求などがある(沖縄県庁資料)。

米軍による二十七年間の占領がどんなものであったかは、軍用地の占拠率でその一端にふれた。昭和二十年六月五日の沖縄戦「終結」(組織的軍事行動停止)をさかいに、沖縄島民の生活は、軍事基地の存在によってズタズタにされてきている。補償請求が幅広いのは、奪われそこなわれた生活の質量のあらわれである。補償請求への支払いは、長い年月にわたる米軍占領統治の最低限の後始末、軍事基地として利用しつくしたアメリカ自身の極東政策のいわば尻ぬぐいというべきものである(日米安保条約の沖縄への適用で、基地としての沖縄の性格や態様にほとんど変化がないことは別問題として)。

日本が原則的に対米請求権を放棄したということは、このアメリカの尻ぬぐいを日本政府がかわってやり、アメリカ国民の税金で支払い補償されるべきものを、日本国民の税金によって支払い補償するということである。

日本政府が最後まで主張しつづけたといわれる復元補償費というのは、昭和二十五(一九五〇)年七月一日以前に米軍軍用地として形質変更された土地で、昭和三十六(一九六一)年七月一日から復帰の前日までに解放された土地に対する、土地の原状回復のための補償である。昭和二十五年七月一日以前に同様に形質変更された土地で、昭和三十六年六月三十日までに解放された土地については、米政府は布令第六十号によって復元補償費を支払い済みである。

昭和三十六年六月三十日以前と七月一日以後とに特別な差異があるわけではない。これは事務手つづき上の、ひとつの区切り目に過ぎなかった。すべて請求権を放棄した日本政府が、米国側の事務処理上のタイミングによって支払いの済んでいないこの復元補償費について、（すべての請求権を放棄しながら、この一点だけについて）アメリカ政府の支払いを求めたのは、当然のことであったと思われる。

しかし米国側は、平和条約の際に、日本が対米請求権を放棄したことや、前記の布令第六十号による支払いで、米国政府が二十万ドルの支出を議会へ求めた際、沖縄返還にあたり支出はいっさいしないと言質を与えたことなどを理由にして、当然支払うべき支出を拒みつづけた。

五月二十八日の愛知・マイヤー会談の内容を伝えた電信文を読むと、すでに日本側で肩代りすることがきまり、しかし協定文の上では、アメリカ合衆国政府が「自発的支払い」をおこなうという文言になっている点に、アメリカ側のクレームの理由があったことがうかがえる。アピアランス、つまり見せかけだけが問題なのだと言ったスナイダー公使の発言は、両国の微妙な立場をうまくついている。

六月九日は、沖縄返還交渉が、パリの愛知・ロジャーズ会談の席上で妥結した日だが、

この日、パリと並行して、東京でも井川条約局長とスナイダー公使の会談がもたれていた。会談の冒頭で、スナイダー公使は、

——鋭意検討の結果一八九六年二月制定された Disposition of trust funds received from foreign governments for citizens of U. S.（合衆国市民のために外国政府から受け取る信託基金法）に基づき、請求権に関する日本側の提案を受諾することが可能になった。

と述べて、さらに次の提案をした。

日本側第四条3項案に補償総額は四百万ドルをこえないことを追記。トラスト・ファンド設立のため、愛知外相からマイヤー大使あてに「日本政府は米政府による見舞金支払いのための信託基金設立のため、四百万米ドルを米側に支払うものである」旨の不公表書簡を発出。この書簡は極秘資料として扱い、会計検査官への説明上必要とされる場合提示されるにとどめる。さらに「本件書簡がないと請求権に関する日本側の提案は受諾し得なくなる」など。

これが、肩代り支払いを受けとる側の原則的態度であった。

この提案に対して種々議論ののち、日本側は〈別電〉の案文を示し、スナイダー公使はこの提案を本国政府へとりつぐことを答えた。別電の趣旨は、日本国政府は、協定第七条により一括決済の三億二千万ドルから、信託基金設立のため四百万ドルを別ワクとするこ

とに同意するというものである。

事務レベルでの最終案であるこの〈別電〉案文は、ただちにパリの愛知外相のもとへ打電された。打電の時刻は、パリ時間の九日午前七時五十分である。

パリではこの朝、愛知・ロジャーズ会談がおこなわれる手はずになっていたが、開会は直前になって三十分ずらされ、午前九時半からはじまっている。東京電報は、この三十分遅れの開会待ちの時間に愛知外相のもとへ届いたはずである。

会談は約二時間で終了し、記者団の前に姿を見せた愛知外相は、いつものぼそぼそした口調で、

——請求権問題は、米国側が自発的に支払うことで解決いたしました。……これで沖縄返還に関する交渉はいっさい終りました。

と発表した。愛知外相はパリ到着後、「決着を持越す公算もある」と悲観的な見通しを語っていたのである（『朝日新聞』昭和四十六年六月八日夕刊）。

この愛知・ロジャーズ会談の内容を伝える電信文と、同じ日の井川・スナイダー会談の内容を伝える電信文とは、おそらく六月十二日の夕刻、山王ホテルにおいて、蓮見さんから西山記者へ渡されている。

パリ会談での愛知外相は、米側が求めている書簡について、「公表されることはないの

か」と改めて念を押している。これに対してロジャーズ長官は、行政府としては不公表の努力をするつもりだが、議会との関係で、発表しなければならない場合も絶無ではないと答えた。愛知外相はさらに、それならば東京で一応合意された案文について、表現をより慎重に考えたいと述べ、ロジャーズ長官もこれに同意した会談の模様が、六月九日付在仏大使発外務大臣あて第八七七号極秘大至急電信文の文脈にある。

六月十日すぎから、十七日の調印式までの数日間、外務省内では、「不公表書簡問題」が外部にもれたらしいという動揺がみられたという。

六月十七日、沖縄返還協定は、日米で同時に調印され、その模様は衛星中継によって伝えられた。屋良朝苗琉球政府主席の姿は調印式にはなく、顔を紅潮させた佐藤総理の目には、キラリと光るものがあった。

《戦後26年　百万の同胞帰る》

《形式的な〝本土並み〟　基地の大幅残存に不満　屋良主席談話》

などの、沖縄関係の記事が紙面をうずめた六月十八日付朝刊に、西山記者は、

《米、基地と収入で実とる　請求処理に疑惑　あいまいな〝本土並み〟　交渉の内幕》

という記事を署名入りで書いている。この日の朝刊にはまた、六月十三日から三回にわたって『ニューヨーク・タイムス』紙上に発表されたベトナム報告の提供者が、元国防総

省職員のエルズバーグであるとあかしたタイムス元記者の談話も報じられていた。

西山記者の記事は三千五百字ほどの長文なので、後半の文章を引用する。

「交渉のドタン場になって残された懸案は、VOA、沖縄現地の対米請求、那覇空港、〝核抜き〟示唆の方法の四点といわれたが、その前に米側は名(沖縄の施政権)を捨てるかわりに、実(基地の維持と現金収入)はとっていたのであり、むしろ、日本側の至極当然な四つの要求が、ギリギリまで残り、もめ続けたというところに、こんどの交渉のきびしさが浮きぼりにされていた。米側はドルの威信低下と、〝日米経済戦争〟を背景とした米上院の対日強硬論をフルに利用しながら、日本側の譲歩を迫った。交渉のタイミングは、明らかに日本にとって不利だった。最初のうちは、交渉の早期解決を迫り、参院選挙を控えて、日本側があせりはじめると、こんどは逆に決着を引延すといったように、米側は交渉のテクニックでもきわめて巧妙だった。

四つの懸案のうち、VOAを除いてすべて日本側の要求が通った形になっているが、このうちの対米請求に対する『自発的支払い』(見舞金)については、不明朗な印象をぬぐいきれない。パリの愛知・ロジャーズ会談に持ちこまれたのは、この対米請求問題だけだったが、九日を中心に前後数日の交渉内容から推して、果たして米側が、この見舞金を本当に支払うのだろうか、という疑惑がつきまとう。

米側はかつて議会に『沖縄の対米請求問題は補償ずみ』と説明したことを理由に〝公平の原則〟をタテにした日本側の要求を拒否し続けた。そこで、日本側は、三億一千六百万ドルという対米支払額に見舞金の四百万ドル(この額に頭打ちしたこと自体が問題)を上乗せし、ちょうど三億二千万ドルというう切れのよい数字にしたのではないか。そして米側は、議会で『四百万ドルは日本側が支払った』と説明して、その場をしのごうとしたのが実情ではないのか。ただし、そう説明するためには、日本側から内密に〝一札〟とっておく必要があったはずである。交渉の実態は、大体こんなところである。

六〇年、七〇年についで〝第三の安保論争〟をくりひろげる今秋の沖縄国会を通じて、果たして世論がこれにどんな審判を下すだろうか」

この記事は、西山記者が期待したような国内世論の反響はひきおこさなかった。事件が表面化してから、佐藤首相は西山記者が新聞記事にしなかったことを口をきわめて非難し、この記事を記者団から示されると一応前言を撤回した。しかし佐藤首相が実際にこの記事を知らなかったかどうか。六月十八日、記事が出た直後に、アメリカは駐日大使館を通じて日本政府に抗議している(検察側証人吉野文六氏の法廷証言)。この日以降、西山記者には尾行がついたと考えられる情況もある。世論の反応に比べて、日米政府当局がどれほど請求権肩代りについて敏感であったかがうかがえないだろうか。

五月から六月にかけて、連日寸刻もないような忙しさで沖縄返還交渉を追っていた西山記者に、一息いれる時期がきていた。六月二十八日から八月五日までの四十日間、国務省の招待によるアメリカ旅行である。出発の二日前、二人はまた山王ホテルで落ち合った。

西山記者は、

――中国の(国連)代表権問題が気がかりなので、その関係の書類があったら送ってほしい。

と、送り先のワシントンのサービス・センターのアドレスと、郵送料の三千円を蓮見さんに手渡した。

翌六月二十七日は参議院選挙。二十八日は快晴。真夏の太陽を思わせるように白い光線の、暑い日だった。蓮見さんは手帳に「ワシントン(四〇日間)」と書いた。西山記者の渡米中「書類」は二度、ワシントンへ送られている。

帰国早々の八月七日土曜日、西山記者から「渋谷で待ってるよ」という電話があり、蓮見さんは二時半にホテルへゆき、「いつものようにきわめてあっさりした」肉体関係をもった。西山記者は、アメリカ宛に送られた中国関係の秘密書類を蓮見さんに返したが、米国へ出かける前「土産を買ってくるよ」と言っていたのは、から約束だった。

その後、二人の会う間隔はだんだん遠くなり、西山記者がさそっても、蓮見さんは応じなくなった。九月の上旬、西山記者はまた日米経済会議取材のため一週間ほど渡米し、帰国後の〝再会〟ののち、二人はまた、ときどき安川審議官の部屋で顔を合わせる取材記者と事務官の関係へもどっていった。

この頃、蓮見事務官は手許にまわってきた書類の、外務省幹部会議議事録に、ある幹部の発言として「どうも最近秘密が洩れるが、外務省だけが用心しても仕方がない。関係省庁とも協力して対策を講じる必要がある」と書かれているのを目にしている。

横路委員が〈弾丸〉を手にするか否かの岐路に立った十二月の国会のやりとりに、蓮見さんはさして関心ももたず、新聞の報道も見過した。西山記者には、横路発言の意味するものは明確にわかっていたはずである。

年が明けた二月、西山記者は自民党クラブづめとなって、外務省を去った。

第三章　不発弾

昭和四十七(一九七二)年三月二十七日、衆議院予算委員会——。

前年十二月、議会閉会の直前まで質問をつづけ、留保のまま年を越した横路社会党委員が、関連質問に立った。佐藤内閣の失点つづきで大幅におくれた予算審議は、翌二十八日に終ることになっている。この委員会のやりとりを、自民党クラブづめの西山記者は国会控室でイヤホーンを通じて聞いていた。横路氏の手に、西山記者が渡した三通の電信文があることは知っていた。西山記者は仲介の人を通して、

〔ニュース・ソースの秘匿については厳重に注意すること。資料は生まの形で政府側に見せるようなことはしないこと〕

この二条件を横路氏に伝えさせていたという。しかし、直接のダメ押しはしなかったようである。横路委員は沖縄における米軍の基地機能について質問をし、つづけて請求権問題へと矛先をかえた。

横路委員　……昨年の十二月七日の沖縄・北方問題に関する特別委員会、内閣委員会との連合審査で、並びに沖縄及び北方問題に関する特別委員会の四十六年十二月十三日に、私は、アメリカが支払うことになっている四条3項について日米間に秘密の協定がある、外務省の記録に残っているはずだという指摘をしたわけであります。その後いろいろ調査した結果、私たちの主張が正しい。あのとき総理大臣はじめ外務大臣――総理大臣は秘密のきめごとはない、外務大臣はそういうメモはない、アメリカ局長も条約局長もそういう答弁をなさった。しかし、私はきょうは、ここに外務省の文書に基づいてその事実を明らかにして、あのとき皆さん方は偽りを言われたその責任というものを追及をしたいと思うのです。

官庁の機密文書を証拠資料として提出することは、資料提供者の所在をばらす危険と密着している。国家公務員法という掟が、公務員たちをきびしく拘束していることは弁護士出身の横路委員は十分知っていたはずである。

それでもなお、あえてその危険をおかして佐藤首相の政治生命とさしちがえようとしている。一方、西山記者は、この刻々をイヤホーンを通じて追いつづけていたはずである。

横路発言はつづいていた。

――あのとき皆さん方は偽りを言われたその責任というものを追及をしたいと思うの

です。というのは、この四十七年度予算の中に三億二千万ドル――第七条ですね、この支払いの一部が予算として計上されているからでもあります。昨年の五月二十八日です。私たちが指摘をした愛知・マイヤー会談について、外務省の電信案、極秘になっています。総第二八一八一号、五月二十八、二一五〇、いろいろチェックされておりまして、アメリカ牛場大使あて愛知外務大臣発、この中に請求権について本大臣より――本大臣というのは愛知外務大臣……。

電信文の写しを手にしながら、横路委員はその内容を紹介し、さらに一歩政府に迫った。

――こういう文書、皆さん方はこの間のときには、全然ないというようにおっしゃった。ないというようにおっしゃったのに、ちゃんとこれはあるわけであります。極秘の判を押した外務省の電信案という。外務大臣、この間の沖縄国会で私と楢崎議員と大出議員と三人で質問をした。皆さんのほうでは、そんなものは一切何もない、そんな話は聞いたこともない、こういう答弁で逃げられた。しかし事実は、これらのこの文書を見ると、明白にアメリカ側との間にこの問題についてやりとりがあったことは明確じゃありませんか。責任をどうとられますか。文書がないと言ったのに、こういう文書があるじゃありませんか。

福田外務大臣が答弁に立った。

――私のただいまのご質問に対する答弁は、さきの沖縄国会の答弁と同じになります。つまりこまかいいきさつは私はまだ聞いておりませんけれども、結論において裏取引というものは一切ないと、これだけははっきり申し上げます。

あわただしい空気になった。

横路委員　そうしたら、いま私が指摘をした外務省電信案、番号と日にちを話をしたわけですが、この文書はあるのですか、ないのですか。

瀬戸山委員長　吉野外務省アメリカ局長――。

吉野政府委員　いまの電信案その他の文書はわれわれも調べてみないと、いまここですぐ回答できませんから、ひとつ調べさせていただきます。

ここに、いわばワナがあった。

瀬戸山委員長　楢崎君より関連質疑の申し出がありますが、上原君の持ち時間の範囲内においてこれを許します。楢崎君。

楢崎委員　実は、ただいまの問題は、昨年十二月十三日の最終的には問題になった点であります。しかし本予算委員会と関係のある点は、この四十七年度の予算の中に、この四条に基づく三億二千万ドル中一億ドル、三百八億円が計上されております。もしこの書類が事実ならば、当然四条3項によってアメリカから自発的にいただくべき軍用地補償費等の関係を、冗談じゃありません、日本側がアメリカのほうに払うことになりますよ、これは。重大なところです。そして最後は、私はこの問題について、ここに二階堂理事がおられますが、当時も二階堂委員は沖特の理事でありました。そして秘密理事会を行ないまして、外務大臣ご列席のもとにこの検討をしました。われわれの主張は、（密約及び文書が）あるということでやりました。大臣以下、外務省当局はないということで、それで最後どういう結びになっておるか。これは念のために申し上げます。これは理事会が終わって、また再開されて、結びのところです。まず私から、そのとき、

「その文書をここへ出せないことをたいへん残念に思います。しかし、これはいずれ来年度の予算の中に当然出てまいる。その段階ではすべてが明らかになる。もし、この事実が明らかになったらたいへんな責任を――まあそのとき外務大臣がどなたか、総理大臣がどなたか知りませんけれども、たいへんな責任問題が出てくる。それだけをここで明確に申し上げておきたい」

ということをきちっと私は予告をいたしております。さらに横路委員はそれを引き継いで、「いずれにしても皆さん方はないということをおっしゃった。その責任というのは、これはアメリカ局長にしても、条約局長にしても、外務大臣も、どこまでも

つきまとっていくということだけを明確にしておきたい」

ちゃんと私も横路委員もこの問題について態度を明白にいたしております。もしこれが事実ならば重要な責任問題になる。しかも四十七年度の予算案の中にそれが一部入っておる。当然アメリカが自発的に支払うものが。もしこれが事実ならば、日本側が一ぺんアメリカ側にやって、そしてまたいかにもアメリカ側が自発的に支払うごとくなると、こういう関係になるではありませんか。これは重要な個所ですから、ひとつどのような取り扱いをなさるか。ここで委員長のお考えなりを承っておきたいと思います。

四百万ドルを沖縄復帰時のレイト三百八円で換算すると、十二億三千万円になる。本来収入となるべきところを支出するのであるから、日本が蒙る損失は二十四億六千万円になる。しかし問題は二十四億六千万円の損害の域をはみだしている。衆議院の秘密理事会においても、肩代りの密約はないとシラを切り通してきた政府の食言問題、政治的背任にかかわっている。

これときわめてよく似た議会風景が、昭和十二(一九三七)年一月二十一日、完成したばかりのこの議事堂内部で展開されたことがある。二・二六事件を契機とする陸軍の露骨な政治介入に対して、政友会の浜田国松議員は、軍部批判の強硬な演説をおこなった。

「……軍民一致の新体制などというものが果して憲法制定の精神に適合するものであろうか。軍人も無論国民の一員である。政治運動をなさんとせばよろしく軍服を脱ぎ、サーベルを捨てて丸腰になって政党を作るのがよろしいのであって、……軍という立場において政治を動かさんとするところに危険がある」

陸軍大臣の寺内寿一は憤然として立った。その答弁中の、

「さきほどから、浜田君が種々お述べになりましたいろいろのお言葉を承りまするると、中には或は軍人に対しまして、いささか侮蔑されるようなごとき感じをいたすところのお言葉を承りますが……」

という一節に、浜田議員がかみついた。

「いやしくも国民代表者の私が国家名誉ある軍隊を侮辱したと喧嘩を吹きかけられては後へ退《ひ》けませぬ。私の何らの言辞が軍を侮辱いたしましたか、事実を挙げなさい。日本の武士というものは古来名誉を尊重します。士道を重んずるものである。民間市井《しせい》のならず者のように論拠もなくして人の名誉を断ずることが出来るか。これ以上は登壇することが出来ない。速記録を調べて僕が軍隊を侮辱した言葉があったら割腹して君に謝する。なかったら君割腹せよ」

これが世に言う腹切り問答だが、議事録を比べてみると、主権在民などはるかに遠かっ

た帝国議会のやりとりの方が、格調も高く迫力もあるように感じられる。寺内陸相はこの問答を理由に態度を硬化させ、陸軍大臣を辞任し、広田内閣を総辞職へ追いこんだ。この結末は、批判された陸軍が恣意を押し通し、後継内閣組閣の大命を受けた宇垣一成大将を流産においこみ、陸軍大将林銑十郎内閣の誕生――陸軍の政治介入の公然化へとつながっている。

しかし、すくなくとも「いやしくも国民代表者の私が」と大見得を切った浜田国松を、陸軍といえども黙殺はできなかったのである。

昭和四十七年三月の議会で、その国民に対する背任、ペテンを追及されていた佐藤内閣は、もし肩代り密約が存在しないなら、その政治生命を賭けて居直って然るべきだった。

福田外務大臣がまた答弁に立った。

――先ほどお答えいたしたとおりです。沖縄国会における私の答弁と、きょうの答弁とは変わりありませんです。いろいろいきさつはあるにいたしましても、三億二千万ドル、これを支払う、一括して支払う、こういうことになった。またそれに何か裏取引があるというようなお話でありますが、裏取引は全然ありませんでございます。

福田外相は返還交渉当時大蔵大臣で、直接の所管事項ではないが、いつもと変らぬひょうひょうとした言い方でこう言いきれば、議事の展開の仕方によっては、この人もまたその政治生命を問われざるを得ないところに立ったことになる。

この日の委員会はやがて終ろうとしていた。

横路委員　この文書を見ると、お互いにアメリカはアメリカの議会対策上、ともかく議会において、沖縄返還に関してアメリカが金を出さないというきちっとした約束を議会との間にしているから、四条3項困る。これは入れてもらいたいというのが皆さん方の要求、そこででき上った経過が、私たちがこの間の沖縄特別委員会の中で指摘したとおりだということがこの書類によって明らかなんです。あのときは、私たちは、こういう内容を書いたメモがある、電報が入っているじゃないかということを指摘をした。わざわざ斜め斜線の極秘という文書は何か、それは電信ですという答弁もあった。ともかく一切そんなことはない、知らぬ存ぜぬ、総理大臣も秘密の約束は何もない、こうおっしゃっておったのが文書として少なくともあるわけですから、これがうそなのかほんとうなのか。いま外務大臣がおっしゃったとおりなのか。……

吉野政府委員　先ほども申し上げましたとおり、それらのいま読み上げられた文書につきまして、われわれとしては真偽のほどをひとつ調査さしていただきまして、そして回答させていただきます。

楢崎委員　いまのがアメリカ局長でありますが、外務大臣としてはアメリカ局長のいまのご答弁、どのようにコミットされますか。

福田外務大臣　吉野局長がこの折衝の衝に当たっておりますから、アメリカ局長が調べるのが一番その結果が正確であろう、こういうふうに思います。ですから、調べていただきます。

横路委員　調査を待って、その上で理事会で検討されるということでございますので、私は保留した問題点三つございますけれども、それを含めて保留をいたしたいというように思います。

瀬戸山委員長　委員長から外務省にお尋ねをいたします。私は初耳ですが、前の沖縄国会のときに問題になったのがいままで調査できないというのはどういうことか、あした当委員会に調査の結果が出るかどうか、お答えを願います。

吉野政府委員　あとでもう一回、横路先生にその文書を一応見せていただきまして、調べましてあしたお答えいたします。

瀬戸山委員長　それでは、調査の結果を待つために本日のところはこれで終わりまして、保留をしておきます。

委員会は、午後六時三十二分散会した。政府側は、横路委員の手にある電信文コピイの、決裁印欄だけが問題なのであった。

三月二十八日、衆議院予算委員会。

横路委員　昨日、私のほうで指摘をいたしました外務省の電信案について、調査の結果を報告されるということでございましたので、初めに外務省のほうから、私のほうで提示をした二つの外務省の電信案というものが、存在をしていたのかいなかったのか、この点についてまずご確認をいただきたいと思います。

福田外務大臣　政府委員からご説明申し上げます。

吉野政府委員　お答えいたします。

先生ご指摘の二つの電報につきまして、突き合わせた結果は、決裁の点につきまして、われわれのファイルにある原議と多少違うところがございますが、内容は全部同じである。決裁の点につきましては……(横路委員「よけいなことは言わないでいい」と叫ぶ)たとえば、大臣、次官、審議官その他の重要な決裁がございません。これはあとでとった、こういうことになるだろうと思います。

記録もメモもないと言いつづけてきた政府側は、三通のうちつきあわせのできた二通について、はじめて電信文の存在を認めた。しかし、政府を追及する側は、証拠をつきつける前に、もし記録の存在することが明らかになったら、具体的に政治責任をとらせる、浜田国松のいう「君割腹せよ」の約束をとりつけておくべきだった。のらりくらりの議会答弁で切りぬけることが議会政治家の特質と考えている政治家に、道義的な引責行為などは期待できない。

議会での「でたらめな答弁」で協定を強行採決した責任、行政の最高責任者としての責任をどう考えるかと横路委員に聞かれて、佐藤首相は答えた。

佐藤内閣総理大臣　いま言われるように、最高の責任者は総理大臣だ、総理大臣が逃げるわけにはいかぬ、こういうお話でございます。そのとおりです。私の部下がお答えしたこと、これはやはり総理としての責任はございます。さような意味合いにおいて、私も間違いは間違いを正す、その責任がある、かように思っております。ただいま外務省の事務当局からも、先ほどの文献についてはそのとおりこれを認めております。全然知らないというような答えをしたことはまことに不都合だ、私もかように思っております。これは言えないなら言えない、かように申すべき事柄ではなかったろうか、かように思います。

肩代り密約があったとは、政府は認めない。議会答弁の間違いを正したり、不都合な答弁であったと正すか否かが問題だっただろうか。福田外務大臣も答えた。

福田外務大臣　経過はいろいろあったようです。あったようですが、大事なことは、最終的な日米間の合意がどうなったか、こういうことなんです。合意につきましては、これは日米間に食い違いもなければ、私どもが皆さんにご説明しているところにも食い違いもなければ、私は、この協定の内容というものは、これは最終段階の決着、それによってご理解を願うほかはない、かように考えております。

《動かぬ証拠》と見えた電信文も、こういう相手にはとどめを刺すほどの効果をもちにくい。楢崎委員が関連質問に立った。

楢崎委員　……かつて十一月の十六日に、私は岩国の問題を取り上げる前に総理にお伺いをしました。沖縄返還協定の基礎は日米両国民の信頼関係にある、もしこれが裏切られるようなことがあったら、この沖縄返還協定の基礎はくずれるのだ、「もしそういう事実があったら、総理、責任を負いますか」と言ったら、総理は何と答えられましたか。「もしそういう事実があったら、自分はこの総理の席におらぬだろう」と、そのときお答えになりました。……沖縄県民を含めまして国民を完全にだまし続けてきておったという事実、沖縄返還協定の基礎が根底から崩壊したという事実、こういう点について佐藤内閣の決定的な責任を私は追及したいと思います。総理のご見解を承りたい。

「信頼関係を裏切るような事実」という言い方は、さしちがえの武器としてはおそらく抽象的過ぎた。もっと焦点を絞って、肩代りによる国民の経済的損失、タックス・ペイヤーに対する背信の有無、もしくは「文書」の存在の有無に、佐藤首相の政治責任を問う言質をとっておくべきであったように思われる。秘密会での沖縄交渉の全経過の報告でもい い。切札をつかった場合のトドメのつめをしておくべきではなかっただろうか。「佐藤内閣総理大臣」と呼ばれて、佐藤首相が体をおこした。

——どうも楢崎君のお話聞いていると、岩国の問題と沖縄の問題とごっちゃにしていらっしゃるのじゃないですか。岩国にもし核があったら、私はないと、こういうことをはっきり申し上げました。しかし、どうもただいまの話では、すりかえのようです。

楢崎委員が「いや、違います」と叫んだ。

佐藤内閣総理大臣　岩国の話じゃないじゃないですか。いま楢崎君の言っているのは沖縄の問題じゃないですか。

楢崎委員はまた「違います、違います」と抗議した。佐藤首相はそれを無視して、挑戦的な声になった。

——重大なる問題ですよ。国民の皆さんがみんな聞いていらっしゃいます。私がいかにもぬけぬけとでたらめを言っているように思われるとまことに残念です。私がその職にいないということは、これは岩国の問題です。

それでは議事録を取り寄せて明確にしようと楢崎委員に言われて、佐藤首相はするりと体をかわした。

佐藤内閣総理大臣　ただいまのお話で、岩国の問題じゃない、基本的な日米間の問題だ、こういうことですから、これはもう日米間の問題として話をいたしましょう。また、そういう意味で私どもも、基本的に日米間に大きな疑惑がある、大きな不信がある、そういう状態であったら、これはいままでのような状態は続けていけない、こういうことをはっきり申し上げます。それはそのとおりでございます。

佐藤首相は、なにひとつ「はっきり」とした答弁はしなかった。《弾丸》は炸裂するのか不発弾で処理されるのか、微妙な空間に止まっていた。《動かぬ証拠》は、今や政府側の手にうつり、その武器になりつつあった。

この前夜、三月二十七日深更、福田外相は飯倉の外務省公館に森事務次官、吉野アメリカ局長など幹部を集め、事実の確認と協議をおこなった。横路議員から提示された電報について、電信ナンバーによって確認がすすんでいることを、二十八日の朝刊が伝えている。

二十八日朝、浦和の蓮見家では、蓮見氏が新聞をひろげて、

——外務省が大変だよ。秘密が洩れたらしい。

と妻に話しかけた。蓮見事務官はそういわれて新聞を見た。が、自分にかかわりのある

こととは思わなかった。登庁して、電信文のコピイの写真をのせた『朝日新聞』を見て、もしやと思ったが、まだ半信半疑の気持だった。

二十九日の新聞は、問題の書類に官房長官までのサインしかないと報じた。予想もしなかった事態に直面していることを、蓮見事務官ははじめて自覚した。この夜、蓮見さんは西山記者に電話をかけ、二人は二度、電話で白けた会話をかわしている。

蓮見さんによれば、このとき、西山記者は「あれは俺のミスだった。外務省を辞《や》めてもらいたい。あとのことはいっさい俺にまかせてくれ」と言ったといい、西山記者は、「外務省を辞めてくれ」とはいわなかったと否定している。蓮見さんは、「こうなった以上、全部安川審議官に申し上げてお詫びをします」と西山記者に伝えた。

蓮見さんはそれから、秘密を洩らしたのは自分であると夫に告白した。翌三十日、退職願をもって出勤し、安川審議官に、秘密書類を西山記者に渡したことを告げ、机のなかを整理して早々に退庁している。帰宅後、安川審議官から電話で始末書を書くようにと指示があった。

政府側は、三月三十日の時点で、局面逆転の切札を握ったまま、じっと押えていた。

四十七年度予算案の通過を焦る政府の内情を見越して、衆議院本会議は議事を停止した。

最長不倒の記録を日に日に更新し、そのためには、トカゲが尻尾を切り捨てて逃げのびるように、つぎつぎと閣僚を更迭して政治生命の延命になりふりかまわぬ佐藤政権は、ピンチに立った。

密約を結び、しかも議会においてシラを切り通してきた佐藤内閣が、その政治責任をとって退陣するか、強硬に居坐るか。居坐りようのない切札をつきつけられたはずの佐藤内閣に逃げ道をひらいてやったのは、野党の「議会対策」という妥協の〝良識〟であったように見える。

四月一日の午後、自民、社会、公明、民社の四党の国会対策委員長会談がひらかれ、与野党間の話合いはついた。議会は四月三日に再開されることになった。野党三党が要求した再開の条件は、議会で佐藤首相が所信を表明すること、社・公・民各党党首が首相の政治責任追及の所信表明をおこなうことしの二点である。共産党はただちに、共産党除外の議会収拾策に抗議の談話を発表した。

当時、佐藤首相の退陣は時間の問題で、秒読みの段階に入っているとみられていた。政権末期にふさわしい腐敗現象、末期症状を呈していたから、首相の所信表明は、退陣についての正式表明になるであろうと三野党の代表は考えたのかも知れない。その所信表明の内容こそが、沖縄密約問題のつめとしては大事な、決定的な意味をもつことになる——。

四月三日午前、衆議院予算委員会。佐藤首相は立って、つぎのように述べた。

――内外の時局はきわめて重大であり、このときにあたり四十七年度予算の審議中、種々の批判を受ける事態を招いたのは誠に遺憾である。政府の責任者として強く責任を感じており、各党の本件に対する意向はよく承知している。国民生活に大きな影響ある予算成立のためこのうえともご協力をお願いする。

野党席は騒然となった。「わからないぞ」という強い不満の声がどよめいた。なんとも見事な答弁であった。与党の議会対策、官僚の議事運営用作文の傑作。なにひとつ具体的な手がかりは残さず、なにごとかを語ったかに見せかける曖昧表現のみごとなお手本。沖縄密約問題はどこかへ消えた。議事運営上の不備という論点にすりかえられて、政治家たちの政治責任もどこかへ溶けこんでしまった。〝獲物〟はまんまと逃げおおせた。流産した政治劇の陰で、もうひとつのドラマが着々と準備されつつあった。

第四章　自白↓起訴

三月三十日に蓮見事務官から〝告白〟を聞き、退職願をあずかった安川審議官の報告をもとに、外務省幹部も自民党首脳も、さっそくひそかに対策協議をはじめた。人妻である外務事務官と政治部記者――。追いつめられていた政府側によって、この組合せははじめからスキャンダラスなものとして扱われたようである。

三十一日、外務省筋は、〝事件〟について、最終的に福田外相の裁断に一任したことを明らかにしている。事務当局としては、調査の結論がどう出ようとも捜査当局に告発せざるを得ないと語っており、これまで調査対象となった職員(アルバイトをふくむ)は、約二十名に達していると発表した。

議会が《肩代り密約》の有無の確認の一歩手前で停滞しているとき、政府側け秘密文書の洩れたルートを徹底的に洗い、告発し審判する意思をはっきり見せている。上司に自白した女事務官のことは、完全に伏せられたままである。

花曇りのこの日、東京駅のレストランで山田事務官と落ち合い、蓮見事務官は福田外務大臣あての始末書を手渡した。その帰途、人のいないホームで自殺を考えて思いとどまったという。夜、西山記者と電話連絡の折、西山記者は言った。「歯をくいしばって頑張ってくれ」

四月一日午後、議会再開のための与野党の話合いがもたれ、三日の再開を決定。

四月三日、佐藤首相が「所信表明」をおこない、野党が期待した《密約》に関する一歩突込んだ見解の表明や引責辞職問題がみごとにすりかわった夜七時半、蓮見事務官は同僚の山田事務官からの電話連絡により帝国ホテルへ出向いて、安川審議官と会った。安川審議官は、警察への自首をすすめた。

この夜、難航しつづけてきた四十七年度予算案は衆議院を通過している。舞台は参議院へ移った。

安川審議官と会ったあと、山田事務官に送られて帰宅した蓮見さんが、夫と今後のことを相談しているところへ、電話がかかった。西山記者からである。

——警察に出頭することに決めました。

——おかしいな、誰が警察に行けなどと言っているのだ。外務省の行政処分だけですむんじゃないか。

西山記者は「警察」と聞いて、ひどく意外な感じをもった様子であったという。

――そんな軽い問題ではないと思います。ここまで来た以上、私は警察に出頭して、はっきり申し上げる覚悟です。

西山記者は、すこし考えてから、

――それなら仕方がない。ただし警察では、書類は三通だけ、渡した部屋は外務省内の君の部屋。いっしょに食事をしたのも三回だけで金銭関係はいっさいなし。二人の間になんの関係もないことにしてくれ。

と言って電話を切り、しばらくしてからまた電話をかけてきて、

――ほんとうに警察に行くの。刑事事件になったらどうするんだい。そんなことしなくてもいいのだがな。

と言い、改めて念を押すように、打ち合わせの四点を繰返した。

この西山記者の電話の内容は蓮見さんの記憶として陳述されているもので、西山氏自身は、蓮見さんが警察に出頭した前夜、電話で二回連絡をとり、「書類は三通だけ、外務省の部屋で渡した。現金の授受はなかった。肉体関係もなかったことにするというふうに、二人で話し合いをした」と陳述している。

四月四日、まだ冷え冷えとした夜気ののこる午前五時半、蓮見さんは夫と山田事務官に

つきそわれて警視庁へ出頭した。

『朝日新聞』朝刊の一面トップに《〝沖縄密約〟電報持出しは　外務省の女性秘書》の記事があり、四日早朝、安川外務審議官は秘書の蓮見喜久子事務官を告発、本人を説得して警視庁へ出頭させる方針であると報じている。これは『朝日』のスクープであった。

午前九時半、森外務事務次官、佐藤官房長の記者会見がおこなわれた。

「問題の文書は、外務省の安川外務審議官付蓮見喜久子事務官(41)＝埼玉県浦和市本太三の一七の一三＝がコピーをとり、第三者に渡した。同事務官は三月三十日、その経過を自供、これにもとづき三日夜警視庁に同事件の捜査を依頼した」

記者団との一問一答がつづいておこなわれ、佐藤官房長が答えた。

――コピーを渡した先は、当時、外務省を担当していた『毎日新聞』の西山太吉記者だと言っている――。

午前十時二十七分、参議院では予算委員会が開会され、社会党の上田哲氏から「本来国民の前に明らかにすべきことを明らかにしなかった政府の怠慢が追及されるべきであり、刑事犯上の問題は本来政府自身の負うべき責任に含まれる。個人に向けての責任追及は間違いである」旨の政府の責任追及がなされた。

午後一時、西山記者、警視庁へ任意出頭。

午後五時、警視庁捜査第二課、蓮見事務官と西山記者を国家公務員法第一〇〇条、第一一一条違反容疑で逮捕。蓮見事務官の容疑は「職務上知ることのできた秘密」を洩らしたことであり、西山記者は、その「そそのかし」の容疑である。

夕刻、捜査第二課は、二人の自宅と安川外務審議官室を家宅捜査、警察が押収した証拠資料のなかには、蓮見事務官が心おぼえを記入した手帳もあった。そこには、安川審議官の日程にまじって、蓮見さんの「私事」のメモも書きこまれている。

この日の午後、安川審議官は記者会見し、

――夢にも思わなかった出来事だが、蓮見喜久子事務官の直属の上司として大きな責任を痛感し、二、三日前、福田外相に進退伺を提出しました。

と語り、事件の「全容」を三月三十日に知ったことをあきらかにした。森外務事務次官も、佐藤官房長も、外務省の秘密漏洩事件の責任に関連して、進退伺を申し出た。

この日をさかいに、問題の本質がなんであったかは、次第にぼやかされていった。政府が焦点のすりかえにもちだす材料、切札は巧妙なタイミングでやがて明らかになる。政府の責任を追及する側は、新しい砦に拠りはじめていた。国民の《知る権利》である。

四日午後、まだ逮捕状が出ない時点で、社会党の「沖縄密約対策特別委員会」は、「報道関係者の取材に関して、万一、国家権力の介入があれば、報道の自由に対する侵害であり、社会党としては全党あげて断固戦う」ことを決めた。

蓮見さんが自首した日、取調べ当局に近い線で、「体の関係は?」云々の会話がかわされたという話もある。心証は――クロ。

三日の一見神妙な「所信表明」とひきかえに議事を再開させ、四十七年度予算の衆院通過をかちとった佐藤首相は、翌四日、晴れ晴れとひどく上機嫌だった。

「〝ポスト佐藤〟を聞かれるのを一番いやがる佐藤サンだが、この日ばかりは『新聞はいろいろと書立てているが、オレのところにはだれも来ないね。どういうわけかね』と記者団にすり寄った。『聞きに行ったら教えてくれますか』と問われると、待ってましたとばかりにニッコリ笑って『まだまだ早いよ、とこたえるね』。『いつになったら教えてくれますか』と突っ込まれても『新聞は早く書かなければならないからネェ』とひとを食ったようなオトボケ。『だって〝死に体内閣〟だっていわれてますよ』と皮肉られても『へん、オレはしゃんとしているよ』と前日の神妙な態度はどこへやら」

『毎日新聞』のコラム「記者席」はこう伝えている。佐藤首相はその政治的生命の終幕を、背任や欺瞞、二重外交という致命的な自傷で終ることをまぬがれ、返す刀で二人の「容疑者」の生殺与奪を手にした形だが、その笑顔を皮肉ったこのコラムのタイトルは、「首相ばかりが日本晴れ」だった。

五日付『毎日新聞』朝刊は、五ページにわたって、西山記者逮捕と知る権利の問題を報じている。

第一面には、

《西山本社記者を逮捕　蓮見事務官とともに　〝沖縄密約〟漏えい問題　国公法違反の容疑》

とあり、また「国民の『知る権利』どうなる」というタイトルで、中谷編集局長の見解をのせた。

この見解は、二人の逮捕に対して、

「この逮捕は、日常の記者活動の延長と考えられる行為に対する法の不当な適用と受けとめざるを得ない。政治権力の容赦ない介入であり、言論の自由に対する挑戦と解する」

と述べている。その後、段階を経て変化してゆくことになる「見解」のつづきの文章を採録すると――。

「この〝機密文書〟は、政府が主張しつづけてきた〝沖縄協定に裏取引なし〟の強弁を、くつがえすだけの重要な証拠であった。昨年末、社会党が、復元補償の疑点をただしたのに対し、政府当局者は、一貫して否定しつづけたが、それは国権の最高機関である国会への欺まん行為にすぎないことを証明した。これらの経過を通じて、『毎日新聞』が全く無関係であったとは、いわない。以下、これまでの本社の調査を報告しつつ事件に対する本社の見解を明らかにしたい。

われわれは、自由な社会における新聞報道の立場は、たとえ外交交渉の機密といえども、その取材の自由は、いささかも拘束されないものと信ずる。いうまでもなく、言論機関は、国民の〝知る権利〟にこたえ、最大限の努力を払って〝知らせる義務〟を果たすべき役割を負っている。そのかぎりでは、いかに高度の国家機密といえども〝聖域〟では、ありえない。

西山記者は、沖縄返還交渉の複雑多岐な取材をつづけるうちに、対米請求権問題をめぐって、どうにも解明できない問題点に突当った。というのは、この問題について、米側は『沖縄返還に当たり、米政府が日本にカネを支払うことには、絶対に応じられない』との態度をとり、このため日本側がすべて肩代わりせざるをえまいとの観測が強かった。しかし米軍用地の復元補償については、従来の経過に照らして、権利―義務の関係から、当然、米側が支払うべきものとされ、日本側が苦しい立場にあったからである。

この問題について、あらゆる角度から取材をつづけても決め手をつかめなかった西山記者は、外務省の蓮見喜久子事務官に、請求権の処理に関する情報を教えてほしいと依頼した。そして、きびしい制限つきで一連の文書が提供されたことは事実である。

新聞社は原則として、ニュースソースの秘匿《ひとく》を第一義に重んじねばならない。にもかかわらず、西山記者がこの点を取調官に明らかにしたのは、結果として大きな迷惑を及ぼした蓮見事務官の立場を救い、償いをしようとの心境を示すものであって、本社としても、同事務官に対し率直におわびしたい。西山記者は、自分の取材活動については、なんらやましいところはないと信ずるものの、女性事務官に与えた損害を償い、かばおうとする積極的意思が支配していたことを確信したい」(傍点引用者)

ここのところは文意がはっきりとりにくい。つづいて、

「もちろん、われわれの取材したニュースソースの秘匿はいうに及ばず、取材した内容の報道、処理に当たっては、最大級の慎重さが要求される。これは新聞人のアルファであると同時にオメガである。したがって、知り得た事実すべてを、直接的な形で知らせることのみが新聞のあり方であるとは考えない。長期的展望に立った国家利益と、民主社会の将来とを合わせ計量し、報道人としての良識と独自の見識、英知に立って処理、表現を決定すべきものと考える。

西山記者が、重要文書を入手しながら、たとえば昨年六月十七日沖縄返還協定調印に当たって、対米請求権問題の疑惑を、その片リンのみにとどめて紹介(十八日付朝刊)したのは、第一に沖縄返還協定の調印、批准前において一般に公表し、報道することは、沖縄返還実

現のため、マイナスになるものと判断したためである。

同時に西山記者は、その後政府が国会審議などの場を通じて、戦争によって失った領土・沖縄の返還には、多大の犠牲を伴うことを国民の前に明らかにし、われわれが入手したような事実をのんでも外交交渉をまとめざるを得なかったことについて、国民の承諾を求めることを期待した。それは、この文書の内容を知る全新聞人の期待でもあった。しかし、国民の多くが不満を示したように、国会審議の実情は、その期待に反した。

社会党が衆院予算委員会で明らかにした内容は、われわれの知る内容に比べて、不十分ではあったにしても、ほぼ真相に近い概要を見せ、民主社会の『国民の知る権利』を、まずまず充足し得たのではないかとの印象を持った。その結果、われわれは、これを客観的事実として報道した」

「ほぼ真相に近い概要を見せ」、裏取引があったらしいと国民に印象づければ、「民主社会の『国民の知る権利』を、まずまず充足し得」るという程度の「国民の知る権利」であるなら、この権利は、政治に対してずいぶん受身で傍観者的なものになりはしないだろうか。

見解の結びはつぎのように書かれている。

「現時点までの本社の事実調査では、西山記者が手に入れたコピーと国会で公表されたものが同一のものかどうかは、確認できていない。しかし新聞記者の入手した情報が、報道というルートを離れた事実があるとすれば、記者のモラルに反するものといわざるをえない。本社としては、この事実関係はできるだけ早く解明する」

二面と三面には、ぶっ通しのタイトル《民主主義保障する言論の自由に危機》とあり、社説は「記者逮捕は知る権利の侵害」と論じている。十八、十九面にも横に大きく通しのタイトル《真実を伝える戦い〝機密の壁〟の中で》とあって、〈国家機密とは〉〈知る権利とは〉〈新聞記者とは〉〈真の国益とは〉の四つの角度から、識者のコメントを織りまぜながら、問いかけ、そして答えている。

現職の新聞記者のこういう逮捕は前例がない。報道の自由、言論の自由に対する国家権力の強権による介入に抗議キャンペーンがひろがったのは、おそらく当然すぎるくらいのことであった。しかし、ここで確実に問題はすりかわろうとしていた。政府としては、密約問題についての政治責任を追及された土壇場で、危機を切りぬけ、問題を逆手にとる絶好の方策としての蓮見・西山逮捕であったように見える。

五日、参議院予算委員会。社会党の矢山有作委員の「……外交のあり方を国民に隠すという徹底した秘密外交の責任はどうなるのか」という質問に、福田外務大臣が答弁した。

福田外務大臣　まず第一に、私どもが先国会で主張したことと、また今国会で申し上げていることには、もう一点の差異もありませんです。（中略）そういう事情でありまするから、われわれが外交の秘密だといってこれを追跡される、そういう理由は私はないと思います。ただ問題は、それとは別でありますが、国家公務員が公務員法においてきめられたその秘密を漏らす、これじゃ外交はできませんです。これは国家公務員法に照らして厳重に調査し、再びこれが反復されることがないようにという保証を取りつける必要がある。そのほうこそが私どもがいま当面しているところの責任であると、そう理解をいたしております。

また言論の自由について、それは無制限でないとして、「非常にこの言論の自由と、また国家公務員法に基づくところの秘密厳守、この問題との間には非常にむずかしい問題があると、これは私も承知しておりまするけれども、とにかく国家公務員法におきましては、秘密の漏洩を幇助《ほうじょ》をした者に対しましての責任も問うようになっておる。そういうことから西山記者の責任がいま問われんとしておる、こういうことと理解をしております」と答えた。

矢山委員は「これは報道を権力によって統制することになりはしませんか。……あなたの論法でいくと、どの文書でもいいから極秘の判こさえ押しておけば、これは、それを外で発表したやつはみんな国家公務員法違反だといって刑事訴追できることになりますね」

といい、野党席からは「ファシズムだ」と叫ぶ声があがった。

上田哲委員は、西山記者逮捕は「報道の自由に対する公権力の乱用である」として佐藤首相の見解を質した。

佐藤首相は答弁の中で「報道関係の人はちゃんと、これ、関係があるんですから、司直で取り調べられたら、そのとき話しすればいいじゃないですか。それをどうして極秘にしているんですか。片一方的に、知る権利がある、政府はないしょにしておると、こう言われるわけでしょう。どうもその点が私はふに落ちないのです」と述べている。

福田外相は上田委員から、衆議院での釈明について「悪かったということですか」とたたみこまれると「悪かったんじゃないんです。そうじゃなくて、これは、その当時の状態におきましては、それはお答えすることができませんと、こういうふうに言うべきであった」と答え、そのことまで含めての総理の所信表明であったと居直りにひとしい答弁をし、ついに《密約》の有無そのものへと論議は煮つまってはゆかなかった。

この日、警視庁に留置されている蓮見さんは、外務省からの辞令を渡され、懲戒免になった。この日をさかいに収入は杜絶し、退職金はまったくない。

五日付『毎日』夕刊には、《〝知る権利〟を守れ〔本社に激励殺到〕》の記事があり、六日の朝刊一面には、この事件を『ニューヨーク・タイムス』の「ベトナム秘密文書」公表と比べて「この事件がわが民主政治の発展の中で、ひとつの一里塚になることは疑いない」というトップ記事も見られる。

同じ朝刊に、中谷毎日新聞編集局長が、本多警視総監に対し、西山記者逮捕に抗議して会見した際のやりとりがのっている。

総監　ただ、コピーの出方がネ、あれが『毎日新聞』にパッとはっきり出たのならともかく、あの出方はちょっと普通でない感じがある。(中略)蓮見事務官も長い経験があり、役人としての常識ももっており、信頼されている人だと思う。いやしくも極秘なり、そういう資料を出すのは普通ではないだろう。その辺のいきさつですネ。それは常識的にみて、なにかあったのではなかろうか、この辺をはっきりさせてやることが、蓮見事務官なり西山記者のために必要ではないか。まだ両者の供述が一致していないので、その辺を確かめてみたい。(中略)二人の供述はいろんなところでズレているのが、だんだんはっきりしてくるだろう。

この発言には、取調べの焦点がどこにあったか、やがて起訴状へとひきつがれてゆく捜査当局の姿勢がうかがえる。

六日午前、二人の身柄は検察庁へ送られた。

『毎日新聞』七日付朝刊は、「西山記者の資料は、三月二十七日午後二時ごろ、横路氏の手元に渡った」こと、その詳細な経過はまず慎重な調査を必要とする部分を残していると報道。中谷編集局長は、西山記者が入手した資料をこのように扱ったことについて、「まことに遺憾に思う」にはじまる談話を発表。

「しかし、もっとも重要なことは新聞記者を、法律の不当な適用に訴えて逮捕したことである。これは政治権力の介入というべきであり、言論の自由に対する侵害であるとした本社の立場は、変わるものではない。

西山記者が逮捕されたのは、取材資料を入手したことが国家公務員法に触れるとされたためであり、その後その資料が他に渡されたことは直接同法とは関係のない性質の異なった問題であり、この二つを混同することは許されるものではないと信ずる」

と述べている。

『毎日』側にいささか苦しげなかげりが見えてきたのに反して、連日、参議院でその秘密外交の責任と、知る権利をめぐる問題を追及され退陣勧告を受けていた佐藤首相には、どこか期するところのあるような太々しいゆとりがチラツキはじめた。

「ガーンと一発やってやるか」(三月二十九日)

「裁判が長引くと……」(同三十一日)

など、逮捕以前から強権発動や逮捕をにおわせるような発言を記者団に洩らしてきたが、四月六日、官邸と参議院の院内大臣室をゆききする廊下で、顔見知りの内閣記者会の面々に、手のうちをさらけるような発言をしている。たとえば――、

首相　社会党に渡った経過についてわれわれも知りたい。君たちと同様われわれにも知る権利がある。

記者団　知る権利への侵害が問題になっていますが。

首相　毎日新聞の編集局長は、文章で、言論の自由に対する政府の挑戦だ、と冒頭にはっきりいっている。そういうことでくるならオレは戦うよ。

記者団　(西山記者を)逮捕しなくとも任意で調べることができたのでは……。

首相　オレもそう思う。しかし、もしこれで買収とかいう問題が出てきたらどうするか。料理屋で女性と会っているというが、都合悪くないかね。

佐藤首相は、「『毎日新聞』は編集局長の名で政府を攻撃しているので、ああいうのにはつき合えない。『毎日』の記者はいるかね。手を上げて」と言い、やや冗談めかして笑った(『毎日新聞』七日付朝刊)。所信表明からわずか四日後である。

七日、社会党参議院議員の田英夫氏らを中心に、「国民の知る権利を守る会」が発足した。席上、東京農工大の福富節男助教授などから、西山・蓮見両氏を分けて考えることは、運動にマイナスになるという意見が出されている。福富氏は『毎日』の記者に、「今の日本

で国家機密を認めることは大本営発表を認めることだ。だから蓮見さんが外にもらそうが、違法ではない。二人の協力がなければ国民は〝密約〟を知り得なかったのだから、切離すわけにはいかない。報道の自由を守るということで西山記者だけにしぼると、一般の人は損をするというふうに思って、新聞に協力しなくなってしまう」と語っている(四月十一日朝刊)。

八日の参院予算委員会。佐藤首相は「知る権利」を守るキャンペーンに真向から挑戦するような発言をした。

「国家の秘密はあるのであり、機密保護法制定はぜひ必要だ。この事件の関連でいうのではないが、かねての持論である」

長らく政権を担当してきた傲《おご》りと慢心から、つい本音を叶いたとも言えるし、秘密電文をつきつけられた窮地を、みごと脱出した気のゆるみと、手にしている獲物を恃《たの》む期待の気持とが、かくしていた本心をさらける隙をつくったとも言える。あるいは、野党と世論の反応を瀬踏みして、機密保護法制定への予備行動をしようという計算ずくの発言であったのかも知れない。この八日午後、竹下登官房長官が首相発言をめぐって記者会見をしているが、機密保護法制定の国家意志を否定はしていないからである。竹下官房長官は語った。

「(機密保護法の)必要性については、かねてから首相も私も認めているが、今回の問題があったから顕在化したものではない。法制定には政治的、社会的な背景が熟している必要がある」

参議院は機密保護法問題をめぐり、佐藤首相の発言取消しを迫って過熱気味になった。八日夜、西山記者の弁護人は、勾留決定(十日間)の取消しを求める準抗告をおこない、東京地裁刑事第二部は、長時間の審理ののち、九日午後十時すぎ、西山記者の勾留決定を取消した。西山記者は午後十一時五十分警視庁から釈放され、午前零時を廻るころ、毎日新聞社内の記者会見場へ姿を見せた。翌朝の『毎日新聞』一面には釈放後の談話がのっている。

「みなさんにご迷惑をかけたことを深くおわび致します。私は新聞記者として、言論の自由を守る権利を行使したことでは恥ずることがなかったと思います。私は国益というものと、記者としてのいわゆる取材のギリギリの調和点を私なりに追求しました。しかし結果的に蓮見さんに非常に迷惑をかけたことは残念です。この事件を機会に、われわれは国民の知る権利を守るということを十分再認識しなければならないと思います」

社会面、いわゆる三面に、深夜の記者会見の模様が伝えられているが、その記事の後半の部分はこう書かれている。

「着替えたばかりのワイシャツとは対照的に、四日の任意出頭からずっと身につけていたグレーにうすい縦ジマの背広はヨレヨレ。しかし『何らやましいところはない』と談話を結ぶ西山記者は闘志満々でヨレヨレではなかった」

この時点では、西山記者は権力の強権のもとから自由になった、マスコミの小英雄のように見える。

蓮見さんは、警視庁の留置場にいて、西山記者の釈放を知った。西山記者の勾留が取消されたように、蓮見さんもまた釈放されて然るべき人であった。

証拠の湮滅をもし問題にするのなら、三月三十日にその自白を聞き、三十一日には事件を捜査当局に告発する方針(蓮見事務官のことは伏せたまま)を記者会見で発表した外務省幹部及び政府が、四月四日の自首→逮捕という作為的な時間の流れをおいたこととの説明ができなくなる。証拠湮滅の意志があれば、この間にどんなことでもできた。

準抗告をすれば、釈放は間違いない蓮見さんのために、その手つづきはとられなかった。勾留理由開示請求もなされなかった。そして、東京地検で検事の取調べを受けている蓮見さんの陳述に、はっきりと西山記者への怨みと憎しみが出てくるのは、西山記者釈放がその岐れ目になっている。

「西山さんに最初に会った頃の印象は、率直に言って態度が大きく横柄で、いやなやつだという感じをもっていました」

というのが、西山記者釈放後に、蓮見さんが検事に答えた最初の言葉である。

十日午前、参議院予算委員会では、福田外相が自民党総裁の任期は十月いっぱいあり、退陣時期は佐藤首相がきめることであると答弁し、さきの首相の所信表明で、早急な退陣が暗黙の了解事項とみられていたのが、はっきりと肩すかしを食った形になった。佐藤首相は機密保護法制定の必要を述べた発言について、

――私が平常考えていることがやりとりの中で偶然に出たものだ。……まだ具体化していないことだが、誤解があれば撤回するにやぶさかでない。ただ私の頭の中は切替えられない。閣議にはかって決めたようなことではない。

と答え、須原昭二社会党委員に、「やぶさかでないというのは、本気にとっていいのか」とただされると「この種のことは慎重にも慎重にということで、おしかりを受けることは甘んじて受ける」と、またしてもとらえどころのない感じだった。

同じ午前中、社会党の平林国会対策副委員長は記者会見し、横路議員の外交文書暴露の方法について、

「ウソとごまかしが国会でまかり通った政府の責任追及を考えた結果だ。その点で欠ける点があったことは確かだが、政府のぎまん性が浮彫りになったことからみると、お許し

願えるのではないか。

文書を明らかにしていいとの報告を受けたあと、時間がなかったことから、配慮の欠ける点があったことは率直に認める。今後、党内部の問題として反省するところは十分反省する必要がある。

（蓮見元事務官らについて、もっとやれることがあるのではないかとの質問に）蓮見さんとわが党がどういうふうに結びつくのかなどがはっきりした時点において、正式態度を表明したい」

と語っていた。

十日午後十時半から、西山記者の二度目の記者会見が毎日新聞社でおこなわれた。この頃、政界、警察、検察のさまざまな筋から「黒い噂」が流れていた。なかでも西山記者が自民党内の大平派と親密であり、一連の事件は、次期総裁選への思惑がらみであるという臆測がひろまっていた。記者会見にのぞむ毎日新聞側も西山記者自身もかなりこの点を意識している。

西山記者は最初に「基本的な考え方」を述べたが、それは「一部にある政党、特定の派閥との関係を臆測されているが、それについては何ら関与していないという確信を持っている」と結ばれている。また、記者団との一問一答の中で、「……自民党はまもなく総裁選という時点がくる。党内が派閥で目まぐるしく動いている。そうした中で私のとった措置が色づけられ、臆測を生むのは覚悟しなければならない。しかし、それは私がとった行動とは縁もゆかりもないことだ。どんな臆測が飛ぼうと、ゴウも恥じることはない。事実関係を調べてもらえばわかる。今度の捜査の過程でも、そうしたことをかなり追及された。そういう点では、きわめて政治的な性質があるように判断する」と答えている。

蓮見さんの勾留は依然としてつづいていた。「蓮見さんも釈放せよ」という記事が『毎日』の紙面に見られるのは十一日のことである。

十一日の参議院——。法務委員会では、社会党の佐々木静子議員が蓮見元事務官の釈放を迫り、予算委員会に参考人として出席した伊達秋雄法大教授も「西山記者の勾留を打切った今日の段階では、蓮見元事務官はもう釈放していいのではないか」とその陳述をしめくくっている。

蓮見さんには家族があり、そして弁護人もついている。しかし、なんの手つづきもとられないまま準抗告の期限はすぎてしまっていた。

四月十三日。

衆議院連合審査会席上、佐藤首相は機密保護法の制定について「その意思はないとはっきり申上げる」と述べ、六日ぶりに答弁を公式に撤回。西山記者逮捕、機密保護法制定示唆など、つぎつぎに標的を出されてふりまわされがちであった政府批判も、やっと本来の問題点へ焦点がしぼられるかに見えた。

夕刻、福田外務大臣は沖縄密約漏洩事件に関連する外務省の処分を発表。安川壮外務審議官減給一ヵ月(一割)のうえ、十四日付で審議官の職を解かれ、大臣官房に配置がえ。

森治樹外務事務次官、佐藤正二官房長、吉野文六アメリカ局長、千葉一夫在ソ大使館参事官(前アメリカ局北米一課長)がそれぞれ戒告処分。

その他訓戒処分四名。(しかし、処分者たちはその後、安川氏の駐米大使仕命など、それぞれ〝栄進〟の道を歩いている)

同じ夕刻六時半から、神田の共立講堂で「国民の知る権利を守る大集会」が開かれた。会場はほぼ満員。女性出席者はすくない聴衆のなかから、主婦の谷民子さんが立って「蓮見さんのことを考える女性の会」を提案した。

十三日の衆院連合審査会を傍聴した大島渚氏の印象記が『毎日』十四日付朝刊にのっている。佐藤首相をヨロイをかくさぬ大悪役に見立てながら、

「再び問題をすりかえてはいけない。言論の自由というような抽象的な問題に立戻ってはいけない。佐藤首相の人間的反応にふりまわされてはいけない。問題は、あくまで佐藤

内閣が私たちに何をしたかだ。知る権利などというのは自明のことだ。極秘資料のスッパ抜きに次ぐスッパ抜きを！　今こそ日本中を、スッパ抜きした極秘資料でもってあふれかえさせること。極秘資料一つ入手できない政治家は政治家でないこと新聞記者は新聞記者でないことを確認しよう」

と書いている。

十四日の閣議後、佐藤首相は福田外相を呼び、外務省の機密文書漏洩につき「今後、厳重に注意せよ」と述べ、〝注意処分〟をおこなった。

同じく十四日、東京地検は蓮見元事務官と西山記者を、蓮見元事務官の勾留期限が切れる十五日に起訴する方針をきめた。

十五日午前七時、蓮見さんは釈放され、坂田治吉弁護人にともなわれて警視庁を出た。

午前九時、東京地検特捜本部は二人の起訴を発表。沖縄返還交渉の《密約》にからむ秘密電信文持出しというきわめて政治性の高い事件は、「ひそかに情を通じ」云々の起訴状によって、「低次元の性風俗的光景」(司馬遼太郎氏)にすりかえられていた。「ホテル山王に誘って情を通じたあげく」「しつように申し迫ったうえ」という文言が、検察側のいう《そそのかし》の説明である。

「情を通じ」という、卑俗な、しかししたたかな実感をともなう言葉——。この人間模様の前にゆらぎ、後退せざるを得ない隠微な精神的風土。

佐藤首相がひそかに期し、ひそかにたのしんでいた切札とはこれだった。

西山記者の弁護団はただちに、問題の本質は《知る権利》にこそあり、起訴状は法とモラルとを混同していると見解を発表した。しかし、潮の流れは変った。

『毎日新聞』は、十五日夕刊に起訴のニュースと並べて「本社見解とおわび」をのせた。「西山記者の取材に当たっては、道義的に遺憾な点があったことは認めざるを得ません」と述べている。「蓮見、西山両者の関係をもって、知る権利の基本であるニュース取材に制限を加えたり新聞の自由を束縛するような意図があるとすればこれは問題のすりかえと考えざるを得ません。われわれは西山記者の私行についておわびするとともに、同時に、問題の本質を見失うことなく主張すべきは主張する態度にかわりのないことを重ねて申述べます」とも言っている。

編集主幹で代表取締役・専務取締役の斎藤栄一氏は東京本社編集局長事務取扱いに、取締役で東京本社編集局長の中谷不二男氏は社長室担当に、そして西山太吉政治部員は休職になった。

この日をさかいに、連日紙面をうずめてきた《知る権利》のキャンペーンは消えてゆく。折しも、十六日夜、川端康成氏のガス自殺事件がおき、《知る権利》はさらに影が薄くなり、川端文学と死のテーマが紙面の焦点を占めることになった。

こうして残されたのが、法廷における審判である。第一回公判はこの年の十月十四日。すでに佐藤首相は八月に退陣し、田中角栄新政権下での法廷である。潮がひいていったような政治劇のあとに「ひそかに情を通じ」と国家権力によって私行をあばかれた一組の男と女がとり残されていた。

第五章　出　廷

教えられたとおりに東京地方裁判所わきで車をおりて、さてどこから入ってゆけばいいのか、私はとまどった。早く目的の場所へ到着しなければというあせりもある。地下鉄出口を出てきた人たちの流れで、夏の朝の空気が風になりそうな人ごみへ近づいて行って、誰にたずねようかと過ぎてゆく人の顔をいそがしく見た。

足どりのゆっくりした男の人に目顔で挨拶してから私は聞いた。

――東京地裁はどこでしょうか。

その人は立ちどまって、いくらかけげんそうな視線を私に落しながら聞き返してきた。

――東京地裁のどちらへゆかれるのです？

――裁判の傍聴です。

――刑事ですか、民事ですか。

私は返答につまった。あれは刑事だろうか。民事であるはずはないけれど――。

——外務省の機密漏洩の裁判です。

——ああ、刑事ですね。その入口を入って守衛にお聞きなさい。

その場の情景が、ちょうどカメラを仕掛けたように鮮明に網膜にやきつくことがあるが、この八月四日もそういう経験の重なる一日だった。

人波がつぎの瞬間に流れはじめる中を、私は東京地裁の玄関へ入ってゆき、裁判を傍聴するにはどうしたらいいかを聞いた。まだ九時前だった。

この日は西山記者たちの第十四回目の公判の日で、傍聴券は出ない。つまり時間がきたら傍聴席の定員だけ入れ、いっぱいになったら打ちきることになっているという。

——そんなに満員にはならないでしょうよ。七階の七〇一号法廷です。開廷時間が近づいたら中へ入れます。

まだ人影はひとつもない。薄暗い廊下を歩いてゆくと法廷用エレベーターと標示が出ている。ボタンを押してみるが動いていない。なんでも早のみこみする癖が出て、(夏の間はエレベーターは運転中止らしい)と思う。歩きまわって動いているエレベーターをみつけ、登庁の裁判所員たちと押しあいながら乗込んだが、七階にはとまらない。あがったりおりたりしてから何階かでおりた。通りすがりの女の人に、七〇一号法廷へゆく道を聞く。五階へおりて廊下づたいに階段までゆき、歩いて七階へゆくのだという。

裁判所というところは、エレベーターひとつとっても、実に厄介にできているものだと内心感心しながら、私はようやく七〇一号法廷の前まで来た。

高い天井。広々とした廊下には誰もいない。やれやれ一番乗りという感じ。両側が法廷になっているが、ドアは鍵がかかったままになっている。入口にいちばん近い椅子に腰をおろす。黒板に白墨で書かれた事件名は「国家公務員法違反　西山太吉他一名」となっている。

公判はこれまでに、検察側証人佐藤嘉恭外務省事務次官付秘書官、松永信雄外務省人事課長(当時文書課長)、吉野文六OECD大使(当時アメリカ局長)、井川克一駐スイス大使(当時条約局長)、弁護側証人として富森叡児朝日新聞編集委員、渡辺恒雄読売新聞解説部長、新実慎八毎日新聞経済部副部長、斉藤孝学習院大教授、石村善治福岡大教授、伊藤正己東大教授、吉川経夫法大教授、美濃部亮吉東京都知事が証言台に立ってきた。

証人調べは終り、八月四日に予定される西山記者への被告人質問だけが残っているという記事を読んだのは、朝からじっとり汗ばみそうな七月の末日だった。事件になった当時、検察側の「情を通じ」の表現にひどく腹が立ち、「情を通じ」たことと、国民を欺いた政治責任がおなじ秤にのるのなら、私は「正義を愛する無頼漢」になるしかないなどと、熱くなった頭で考えた日から一年四ヵ月たとうとしていた。裁判がいよいよ大詰めにきている感じを新聞から受けて、事件がまた身近かになった。それで西山記者が法廷でどんな発言をするのか聞いてみようと思って出かけてきたのだった。

静かな廊下に坐っているうちに、七〇一号法廷の内側から、ネズミがなにかをかじっている猛烈な音が聞えはじめた。こんな鉄筋建築のなかで、ネズミはなにをかじっているのだろうか。しっかり鍵をかけて外部からの侵入を防いでも、ネズミは自由に往来する。頭の黒いネズミも同様。かくされた秘密は、盗まるべき秘密でもあると思うと、フッと苦笑いするような気分だった。

ずいぶん長い時間がすぎたと思う頃、法廷用エレベーターが動きはじめた。傍聴人らしい人々がつぎつぎに送り出されてくる中に、写真で見覚えのある西山記者の姿がある。ダークスーツの年配の男たちと話をしながら、あいているベンチに坐った。

法廷のドアが開き、ドヤドヤとまだ人が入りきらないうちに、黒いガウンを着た三人の裁判官が壇上の正面のドアから入廷する。ザワザワと人が立ってお辞儀する。その直前に、弁護人にかかえられるようにして蓮見さんが出廷した。

正面の一段高いところが裁判官の席、むかって左側が弁護人、右側が検事、長いテーブルが向きあっている。この日の被告席は、弁護人席の前に、裁判官席の前から傍聴席へかけて、二つベンチをつなげてつくられている。開廷直前まで、西山記者はその裁判官に近い位置に坐って、体をねじって後ろの弁護人と言葉をかわしていた。蓮見さんは西山記者からいちばん離れた、傍聴席よりのところに坐った。手をのばせば届きそうなところに、深い息をついて浮き沈みしている肩が見えている。

蓮見さんは、第一回公判の四十七年十月十四日に出廷し、メモをみながら「起訴事実をすべて認めます。申訳ないことをしました。この上は早く裁判を終えて、世間が私を忘れてくれることを望みます」と述べた。

その後、弁護人から不出頭許可の申請が出され、それが認められて法廷へは出なくてすむことになった。それで、公判を通して被告席に坐っているのは、いつも西山記者一人であった。

三ヵ月前の五月三十一日、蓮見さんは第十一回公判に七ヵ月ぶりに出廷し、被告人質問に答えている。

問(坂田弁護人)　あなたは、第一回公判期日の際に、この席で意見陳述をしましたね。

答(蓮見被告人)　はい。いたしました。

問　内容覚えておりますか。

答　はい。

問　そのときに、あなたは起訴事実を全部認めるという意見を述べましたね。

答　はい。

問　その考えは、もちろん今も変わりませんね。

答　はい、変わりません。

問　あなたは有罪になるかもしれませんが、それは覚悟しておりますか。

答　はい、しております。

坂田弁護人は東大出身で内務省へ入り、海軍の軍籍(主計将校)に身をおいたことがある。その後警察畑を歩いてきた官僚出身の弁護人で、質問の口調のかんでふくめるようなところに特徴があり、同時にその口調には、蓮見被告の被告人としての「自覚」とあり方をもう一度確認しているようなところがある。

問　あなたは、こういう事件を起こしたことについて現在反省しているところがありますか。

答　はい、ございます。

問　どういう点を反省しておりますか。

答　私のこのような事件のために、長いことお世話になりました外務省の方々とか、私の主人に対してご迷惑をおかけしたことを深くお詫びしたいと思い、また反省しております。

このやりとりはもちろん事実関係の確認などではない。おそらくは法廷の心証をよくすることを計算に入れてのものであろう。蓮見さんは外務省勤務は九年ちょっとになると答えた。

問　安川審議官付きにあなたのほかに山田事務官がつくようになったいきさつは、どういうことですか。

答　私が前に、安川審議官に一人でついているということを家でいつか話したことがあります。そのとき主人が、外務審議官のところはたいへん重要なところであるから、一人ではとてもできないのではないか。いろいろな外務審議官の身の回りのことにしたってもそうだし。だから、それはひとつ外務審議官に言って、男の人でしっかりした人をつけてもらうように言いなさいって、いわれたんです。それで、私が外務審議官にそのことを中し上げました。で、外務審議官お聞きになりましたから、それが一つの要素になって山田さんが来るようになったんじゃないかと思います。

問　ご主人は、あなたに、機密も取扱っておるので、女一人では心細いから、もう一人男の方をつけてもらいなさいと言ったんではないんですか。

答　はい、そうです。

問　あなたは、私が耳にしたところでも折にふれて、私はなぜこんなことをしたんだろうとつぶやいたり、嘆いたりしたように思うが、そうですか。
答　はい。
問　どういう意味ですか。
答　それは千慮の一失ということに尽きると思います。
問　その意味がよくわかりませんが、ずいぶん書面をなくしたり、見えなくなったりしたときに捜し当てたり、それから、機密文書の保管ということで山田事務官をつけてもらったりしたのに、不覚にも本件が起こったと、そういうことですか。
答　はい、そうです。
問　あなたは、逮捕されてから何日目かに懲戒免職になりましたね。
答　はい。
問　その辞令はどこで受け取りましたか。
答　警視庁で受け取りました。
問　それからあなたは、給料はいっさいもらいませんね。
答　はい、いただいていません。
問　どうやって今日まで暮らしてきましたか。
答　主人が家作をたいしたことありませんけれども持っておりましたので、それのあがりと、私が坂田法律事務所にお世話になってアルバイトをしておりますので、それの収入とで今のところ生活しております。

問　あなたが外務省におったときと比較して、現在のそういう収入の点からみて、あなたの生活はどうですか。

答　今までのようなわけにはいきませんけれども、大体ふつうの生活をしております。

問　あなたのご主人は病身ですね。

答　はい、そうです。

問　労働ができるんですか。

答　できません。

問　医者がそう言うんですか。

答　はい。

問　そうすると、普通の家庭ならば、主人が働いて奥さんを養うということですけれども、逆になっておるような関係ですね。

答　はい、そうです。

問　この事件以来、ご主人との関係はどうですか。

答　事件が起こってからまもなくは、いろいろと問題もございましたけれども、今はふつうの生活にもどっています。

問　いろいろ問題があったというのは、別れ話が出たりしたことあるんですか。

答　はい、そうです。

問　今は、そういうことはない。

答　はい。

問　ご主人とあなたと両方で努力してそういうことのないようにしておられる。

答　はい、そうです。

問　今、ご主人と同じところに住んでいますか。

答　いいえ、別居しております。

「はい、そうです」の繰返し。依頼人と担当弁護人とのやりとりでなければ、誘導訊問として「異議あり」とストップがかかりそうな質問がつづく。

問　あなたは、私の事務所でアルバイトをしていただいておるんですが、その間、何か働き口をさがしたことがありますか。

答　はい、あります。

問　どういう意味でさがされたんですか。

答　(しばらく考えて)別に深い意味はございませんが、どこか別のところで働いたほうがよいのではないかと思いました。
問　私のとこに迷惑をかけちゃいけないというようなことで。
答　はい、そうです。
――そうだっただろうか。
問　就職をさがした結果、あったんですか。
答　ございませんでした。
問　あなたは、判決後、どうして暮らしていくお考えですか。
答　別に、今のところ、予想というか、そういうものは立てておりません。
問　まだ考えがつかないということですか。
答　はい。
問　ついでに伺いますが、私があなたにここにいなさいとか、あなたの行動を監視したり、外に出るなと言ったり、そういうことありますか。
答　いいえ、ございません。
問　あなたが定時に私の事務所に来て、定時まで仕事をして、それから帰られる。来られるまでと帰られる先は、私、何も知りませんね。あなたがどういう行動をとられようと。

答　はい。

問　あなたは、私の事務所に外部の人があなたをたずねて来たことを知っておりますか。

答　はい、知っています。

問　その人たちと会ったことありますか。

答　はい、お会いしました。

問　だれがたずねてきましたか。

答　市川房枝さんほか数名の方と、別の日に社会党の先生方がみえました。

問　社会党の先生は何しに来たんですか。代議士さんですね。

答　はい、そうです。あのとき、社会党の先生は私に対して、「あなたはちっとも悪いことをしているのではないんです。あなたは正しいんです。だから私たちといっしょになってたたかおうではありませんか」と言って、私の生活の面倒というか、お金も出してあげますよ、というようなお話、されました。

問　あなたは、私といっしょにその話を聞いておりましたね。

答　はい、聞いておりました。

問　そのときに、社会党の人は金を持ってきてくれたんじゃないんですか。

答　そうです。三十万円、お見舞いとして持ってこられたのでいただきました。

問　私は、あなたに、直接お返事しなさいと言いましたね。

答　はい。

問　なんと言ってあなたは返事しましたか。

答　私は、国家公務員法を犯したのは私なのです。悪いのは私なのですから、先生方といっしょにたたかうなんてことはとてもできません。私は罪に服したいと思いますということを言いました。

坂田弁護人の質問によれば、蓮見さんは市川房枝さんたちが訪ねてきたとき、事務所のなかにいて、やりとりを聞いていた。この女性グループが帰るとき、蓮見さんは他の人々にまじって出口でお辞儀をしたということになっている。

問　あの人たちの考えに同調して、何かする気がありますかと聞いたでしょう。

答　はい。

問　あなたはなんと答えましたか。

答　私は、考えが私の考えとはまったく違いますので、同調することは私にはできませんと。

問　あなたはきょうは、たいへん落着いておるんで私も感心したんですが、第一回公判期日のときに、法廷を出るときから、あなた、おかしくなって、刑事七部の応接室で注射を打ってもらうやら、精神安定剤やら麻薬やら打ってもらって、大騒ぎになりましたね。

答　はい。

問　だから病院で医者つきで聞いたらどうかというご意見もあったようですが、それをあなたに伝えましたね。

答　はい。

問　ご主人とよく相談してきなさい、どちらでもいいからと言ったら、あなたはどういう話を私のところに持ってきましたか。

答　やはり法廷に出るということは、私はいやなことです。ですけれども、自分のことですから、隠れてやって痛くもない腹をさぐられたりするより、言うべきことは言わなければならないということで、主人ともそういう話し合いをして、あえて公開の法廷に出ることに決めました。

蓮見さんが公開の法廷で言わねばならないと考えた「言うべきこと」がなんであるかは、この日のやりとりではつかみにくい。

問　あなたが私の事務所に来られて、ちょうど一年くらいですかね。

答　はい、そうです。

問　その間、（私が）あなたの考えが間違っているとか、あなたのやったことを批判したり、こうすべきだとあなたの考えを百八十度変えようとか、そういう努力をしたことがありますか。

答　ございません。

問　何もそういうことは言いませんでしたね。

答　はい。

問　それよりか、間違いを起こさないようにということだけを心配しておった。

答　はい。

問　世間では、私があなたを洗脳したという見方をしている向きもあるので、ついでに伺っておきますが、そういうことは、ありませんね。

答　ございません。

問　今、あなたが希望しておることは、一言でいえばどういうことですか。

答　この裁判が早く終って、世間の人が私を忘れて下さって、一日も早く平凡な生活をしたいと思います。

つぎに検察官の質問がつづいている。

問　あなたはこの事件の捜査当時、警察、検察庁でいろいろ事情を説明しましたね。
答　はい。
問　警察のことはともかく、検事に話したことは、当時のあなたの記憶どおりですか。
答　はい。
最後に西山記者の主席弁護人である伊達秋雄弁護人が質問した。
問　きょうの法廷では、あなたのご主人は傍聴していらっしゃいますか。
答　はい。傍聴に来ると申しておりましたから、多分来ていると思います。
問　それでは、ちょっとうしろをごらんになって下さい。現に傍聴しておられるかどうか、確かめて下さい。
蓮見さんは証言席から傍聴席をふりかえって見た。
答　わかりません。
これが事件以来、外界から遮断されつづけてきた形の蓮見さんの、ある種の経過報告・心境報告であった。このあと、七月中に二回公判が開かれているが、蓮見さんは姿を見せていない。
八月四日にはじめて裁判の傍聴に来た私は、この日蓮見さんが出廷するとは、まったく予期していなかった。開廷され、証人席についた西山記者が伊達弁護人の質問に答えはじめてからも、私の目はすぐ手の届きそうなところにいる蓮見さんから離れられなかった。

パーマのほとんどかかっていない髪は、耳の下の線までの長さ。前髪はすっかりうしろへかきあげ、おくれ毛がおちてこないようにということか、耳と耳を結ぶアーチの形で、一列にピンをとめてある。癇のつよい律気な性格を感じる。白粉っ気のない、色の悪い顔をうつむけて、身じろぎもしない。膝にのせたハンドバッグをおさえているその左手には、薬指に金色の結婚指輪がはめられたままである。

私の漠然とした感じでは、蓮見さんの妻としての生活には区切りがつきつつあるように思えていた。結婚指輪ははずして、一人の女として新しい生活に直面しようとしている彼女を勝手に想像していた。それで、小さな指輪から蓮見さんの気持をつかみかねる惑いがかきたてられる感じになった。

伊達弁護人は、西山記者に型通りの質問をはじめた。

問(伊達弁護人)　最初に経歴から伺いたいと思いますが。毎日新聞におはいりになったのは。

答(西山被告人)　昭和三十一年です。

西山記者は、コテで丁寧に手入れをしたような髪をラッカーで固めて、かつらのようにまとまった頭を見せている。首筋まで、ゴルフ焼けらしい褐色がしみついている。日頃の声は知らないが、陳述の声は低く、内にこもりがちでひどく聞きとりにくかった。そして、外務省のキャップとして、沖縄以前のスクープについて答えながら、居心地が悪そうに体を動かしていた。

西山記者は伊達弁護人の質問に答え、そのやりとりはちょうど沖縄返還交渉のカラクリを逐条的に説明してゆくような効果をともなった。漠然と、佐藤政権による密約外交の問題と考えていた私は、外交史のヒトコマの講義を受けている具合で、(それならここで裁かれるべきは西山記者や蓮見さんではないじゃないか)という思いをつよくした。

問(伊達弁護人) あなたとしては、これらの記事(六月十八日付の署名記事ほか)の中には、あなたが手に入れ、ご覧になった電信文をそのまま載せるというようなことはしませんでしたね。

答 ええ、しません。新聞記事には載っておりません。

問 そこらに、あなたとしては、何か配慮があったわけなんですか。

答 これは、一元的な説明はなかなかできないんですけれども。私の取材範囲というようなものが一応ありますから、だからそういう面もありまして、やはり最大の理由は、ストレートに電信文を出しますと、これはもう(政府の)カラクリでございますから、必ず大きな問題に具体的にはなると思います。

ですから、当然ニュース・ソースの関係が出てきますから、そういうものの保護ということが最大の理由であったわけでございます。

もう一つの背景としては、これは私が非常に長期間悩んだことですけれども、ニュース・ソースの秘匿という問題と同時に、その裏返しみたいな形になるんですけれども、やはりこれは裏取引であると。実際問題としてカラクリですから、相当問題になるわけですけれども、当時、沖縄の返還というものはそれなりに重みがあったわけです。沖縄の、ここまで来ている施政権返還というものに対する重み。私は率直に言って、長い間外交記者をやっておりますから、重みは意識せざるを得ない。意識しておりました。

しかし、この虚偽表示というものは、やはり明らかにせざるを得ない。そして、こういうものを、前向きに見てもやらしてはいけないと。問題は提起しなくちゃいけない。この両立をなんとかできないものかと、そういう一種の模索ですね。……そういうことが私の一連の行動となってあらわれたというように理解していただいて結構だと思います。

問　沖縄返還協定の成立ということですね。これは、むしろ、希望しておったんですね。

答　外交交渉の経過だから秘匿しなくちゃいかんとか、外交交渉の経過は半永久的に保護しなくちゃいかんというような外交当局の見解に同調したわけじゃないわけでして、私は現に何回もこれを記事化しているわけです。電信文というものとの関連では記事化しているわけです。それが端緒になって問題が提起されていけば、それでいいと思ったわけです。……私はこれはいつかは公表せざるを得ないんだと、現実的に公表しようと思ったんです。

その公表の仕方というのは、非常に考えたわけですけれども、なんらかのタイミングとか、なんらかの機会を捕えてしようと。しかし、沖縄返還というものの重みを、私なりに外交記者として意識したわけです。ですからこれを両立させると……。

西山記者はかなりよくしゃべったと言えるが、しかし、けっして能弁ではなく、どこか話しにくそうに見えた。

問　この電信文の入手になる経緯について、蓮見さんとの関係が詳しくあなたの供述調書に出て証拠になっておるわけですが、このあなたの調書にお述べになったことは、大体まちがいないことなんですか。

答　まあ、ああいう状況ですから、検事のほうからもいろいろ、誘導というものがありますから、文言的にはずいぶん問題があると思うんですが。

問　あなた自身の述べたことです。

答　ですから、それについては、特に異論はございません。

問　特に今、蓮見さんとの関係について、あなたがここで述べておきたいということがありましたら、述べていただきたいんですが。

答　意見陳述においてもすでに述べておりますように、いわゆる取材目的を持って計画的に接近して欺くというようなことは、まったくございません。

このとき、じっとうつむいている蓮見さんの顔が、うなずくようにコクンと揺れた。

——それからもう一つは、どうしても向う側がいったん拒否するにもかかわらず、それをさらに強圧して依頼するということは、最初から考えておりませんでした。したがって、断わられたというようなことは一切ございません。その二点は最小限度のこととして指摘しておきます。

裁判官の方へ向って腰かけ、肩から腰へかけて体をゆすっている西山記者の発言を、蓮見さんは身動きもせずにじっと聞きいっている。西山記者の後ろ姿を見もしない。

問　あなたは蓮見さんと個人的な関係に入られたのですが、その個人的な関係がなくなったのは、最後はいつですか。

答　九月十四、十五、どっちかだと思います。要するに、二回目の訪米のあとでございます。

問　あなたは、最初からこの公判にずっと出席して聞いておられて、特に感じられたことがありましたら述べて下さい。

答　検察側証人がいろいろ立たれたわけですけれども、これはやがて徹底的に分析して弁論でも使われると思いますけれども、法廷においても真実を回避していると。私はこれは虚偽の証言をしておられると、これは確信を持っております。

そういうような国家権力組織というものを拝見すれば、それも平然とやれるというような官僚の姿勢を見て、それだからこそ我々のいわゆる取材がいかに大事であるかということを、あらためて痛感している次第です。

それから同時にもう一つは、国益上の理由ということをすぐ、簡単に持ち出したわけです。すでに国会においても明らかにされ——国会というのは国権の最高機関です、国権の最高機関において責任ある所管大臣が詳しく述べていることを、国益上の理由で法廷においては証言しないとか、それからまた、あるいは日米沖縄交渉の主管局長でありながら、いわゆる非常に疑惑のある問題になってくると、ぜんぜん経過は覚えていません、そういう言いのがれと虚偽の証言でうずまっているわけです。ですから、私はそういう官僚の姿勢というものを改めて今見直しているわけです。それだけは言っておきたい。

西山記者の声は依然として低いが、次第に熱っぽさの加わるのが感じられた。このときも、蓮見さんはうなずくように幾度も顔をふった。

これまでの法廷で、検察側がたてた証人、外務省の高級官僚たちは、沖縄返還交渉の当事者でありながら、「記憶がありませんです」を繰返し、微妙な点を聞かれると秘密事項であるといって証言を拒絶した。前回および前々回(七月二一五、二十七両日)に出廷した井川証人の証言ぶりに、その傾向はことにいちじるしかった。協定の調印以前に佐藤首相自身が記者団に語ったP―3撤去問題『ニューヨーク・タイムス』に報道されたVOAの五年間存続問題など、当時から公知の事項であったものも秘密事項に属するとして証言を留保している。その直後のこの日の法廷である。西山記者の声に熱がこもってくるのも当然であった。

傍聴席の椅子は、一枚の板にくぼみをつけただけで、背もたれも同じような薄い板である。時間がたつと体が痛くて同じ姿勢でじっとしてはいにくい。それでしじゅう体の向きを変えたり足を組み直したりすることになる。誰しもそうであるらしく、傍聴席は椅子のきしむ音があちこちで絶え間なくおきた。

裁判官も弁護人も検事も、それぞれに視線を動かしたり、のけぞって身動きしたりするなかで、蓮見さん一人だけは、床の一点をみつめたきり身ゆるぎ一つしない。西山記者が伊達弁護人に答えているとき、その顔が動いて、眼が一瞬傍聴席を見た。それはドキッとするように怨みとおびえとのこもった暗い眼の色だった。地味な紺色の、化繊地らしい半袖のワンピースを着て、肩を落している姿は、四十そこその年齢よりもずっとふけている。

蓮見さんは昭和五(一九三〇)年九月十四日生れ、四十二歳、西山記者は昭和六年九月十日生れの四十一歳。仮面のように表情のまったく動かない顔をうつむけて、この長い法廷の時間、蓮見さんはなにを考えているのだろうか。

伊達弁護人の質問が終り、昼食のため一時間二十五分の休廷になる。法廷では新聞記者席以外はメモをとることを禁じられているので、眼の底に焼きつけた情景と言葉が薄れないよう、緊張しながら食事に出る。

カッと真夏の太陽が照りつけている歩道を、日比谷公園の柵ぞいに、樹蔭を伝いながら歩く。たちまち汗になった。クーラーのきいたレストランへ入ってあわただしく要点のメモをとる。

みそかごとを国家権力によって白日のもとへあばき出された男と女。被告席に離れ離れに坐っている二人に、生ま生ましい想像力もはたらく。この二人が裁かれることそれ自体に、どこか倒錯した問題があったはずなのに、罪人《つみびと》と言う文字を形にしたような一人の女と、顔をあげながらも声はくぐもりがちな一人の男――。姦淫を理由に衆前をひきまわされた江戸の男女と、さらしものという点ではなんとよく似た情景を見せつけられることになったのだろうか。

午後一時に再開される法廷は、検事の西山記者に対する質問がおこなわれる。食事もそこそこに席を立ち、カンカン照りの真夏の太陽に焼かれながら追いたてられるように法廷へ戻った。

第六章　雷雨の法廷

検察官ははじめ、電信文の文脈の読み方によっては、肩代り支払いなどという結論にはならないと立証しようとしたようである。しかし西山記者の供述からそれを引き出そうとして、意図通りに展開できなかったためか、西山陳述の些細な言葉尻をとらえるような質問が耳についた。

気をつけて聞いていると、この小柄な検察官の発言には一つの型がある。かならず、

「被告人蓮見から秘密書類などを見せてもらって」

「被告人蓮見から持ち出してもらった書類などにもとづきまして」

「被告人蓮見から書類を持ち出してもらうように依頼した際」

という言葉がはさまれている。西山記者は証言席に腰をおろしたままで、眼鏡をかけて反身《そりみ》の検事は立っている。「被告人蓮見」というときにちょっと見得を切るように頭をそらせて力をいれるので、つい、「情を通じ」という臆面もない表現を起訴状に書いた検察

側の品性を感じる。裁判長が時たま言葉をはさむときの表現は、「蓮見被告人」である。

問（林検察官）　……起訴状にある請求権の問題について非常に被告人蓮見に書類の持ち出しを依頼したということですけれども、被告人は、そのとき、持ち出しを依頼した当時、請求権について疑惑を持っていたんですか。

答（西山被告人）　だから、請求権については、私は五月十八日ごろでしたかの私のほうの新聞に出ておりますけれども、要するに、対米請求というものと対米支払いとの矛盾というものは、非常に強く感じておったわけです。

問　何の矛盾ですか。

答　要するに、向こう側とこっち側の立場から見て、絶対的にこれは補償できないのではないかと。しかしこれは、同時に、日本側の交渉当局者の説明では、最優先議題であるということですね、当初の。

問　日本の政府は、国民に何か嘘を言うんじゃないかという疑惑もあったんですか。

答　日本側が肩代りするという見方のほうが強いにもかかわらず、これは、あのときに（五月十八日付紙面）、肩代りかということで出ています。

問　出ていますね。

答　肩代りかということが私たちの観測でしたけれども、それに対して、（政府は）これは絶対にかちとるというような、最優先議題にするというんですから、ここにやはり、私は非常に矛盾を感じたわけです。

問　じゃあ、日本政府は何かごまかしをやるんじゃないかと。

検察官は顎をあげて、鼻の先から西山記者を見た。西山記者は検察官席のほうへ体をねじまげながら答えた。

答　ごまかしをやるという断定まではいきません。しかし、この実態というものは、やはり、究明してみたいということです。

問　この取材にあたっての動機に関連してお聞きしますけれども、『ジュリスト』の五百七号で、被告人の上司であった中谷不二男さんですか、編集局長――。

答　はい。

問　この人も出て座談会をやっているんですけれども、中谷さんが被告人を評しまして、タイプとしては特ダネ記者タイプ特有の、若干興奮しやすい性格だなんて言うんですが、相当仕事に対しては熱心ということですか。

答　それは、自分で評価はできない問題でしょうが……。人に聞いていただかないと、わからんと思います。

問　中谷さんの評なんですがね。

検事の口調はねっちりとからみ、西山記者はムッとした声になった。
答　それとどういう関係があるんですか。
問　いや、関係があるなしじゃなくて、答えたくなければ答えなくていいわけですがね。
答　そういうことに答える必要があるとは思いませんね。
西山記者はつっかかるような口調になった。このとき裁判長が、「いいたくないことには答えないと言えばいいのですから」と発言した。土曜日の午後なので記者席の人数もへり、冷房がとまったのか室温が高くなってきた。
問　被告人蓮見に対しまして、最初に書類の持出しを頼んだのが、五月二十二日ごろの山王ホテルということになっておるのですが。
答　はい。
問　その際、被告人の検察官に対する供述調書にもありますけれども、要するに書類をそのままの形で記事にすることはない、頭のなかに入れて参考程度にするんだと。
答　そうでございます。
問　こういうことを言って頼んだね。ところが五月二十七日付の『毎日新聞』の基地リストですね。あれはそのままの形じゃないんですか。

答　そのとおりです。

問　そうすると、それはどういうことになるんですか。

答　私はいわゆるニュース・ソースといいますか、そういうものがわからない範囲といいますか、そういうことを言おうとしたんです。ですから、それを書くことによってニュース・ソースがわからないと。これはああいうもの(基地リスト)が出れば、当然いくらでも(資料は)出るわけですから、そういうことでございます。

問　そうすると、基地リストなんてものは、外務省以外にも出所があるということですか。

答　それは他社はどこからとられるのか知りませんが、外務省以外からもらってきます。

問　で、ほかにもあるからニュース・ソースの秘匿は守れない。

この質問はわかりにくかった。しかし、西山記者は言葉尻をとるようにすぐに発言した。

答　要するにそういうことだけじゃなくて、それを書くことによってそういうものはやがて発表になるものですから、外務省当局のあれからいって、どんどん途中から洩れるということであっても、とりたててそれは内部で若干の問題があっても、それは慣行ですから。

問　あるいは政府がこれを重大なものとして漏れたさきを取調べていって、被告人蓮見に迷惑がかかるということは絶対ないと思ったのですか。

答　絶対ないと思ったのです。それはそのとおりでございます。

検事はその他の記事についての外務省資料の流用について、同じ質問を繰返した。この真意の捕捉しにくい質問がつづいたあとへ、パチッと目がさめるような質問を浴びせかけた。

問　ところで被告人は、被告人蓮見の名前、喜久子という名前を逮捕状によってはじめて知ったらしいですね。

答　それは記憶が……、いつの時点で知ったか定かでないのですが。

蓮見さんは同じ姿勢で肩で息をしていた。

問　検察官の調書にあるんですが。

答　そうですか。

しかし、検察官の調書には、この項目はない。西山記者の声にはあっけにとられたような響きが感じられた。

問　五月二十二日、はじめて被告人蓮見に書類の持出しを頼んだわけですけれども、この点については、被告人の検察官に対する供述調書によると、被告人蓮見はすぐ承諾したということでしたね。

答　そうでございます。

問　躊躇逡巡するところがなかったわけですか。

答　そうでございます。

問　なにか肩に手をかけて顔をのぞきこんで、「頼む」「頼む」というようなことで、ちょっとしつこく頼んだというようなことはありませんか。

答　そのような、そういうこまかい記憶はぜんぜんございませんけれども、要するに私が頼んだということは、今さっき言うような趣旨を説明して頼みました。それに対して断わるとかなんとかということはなくて、いろんなことを説明していただきました。

検事は信じられんねえというような皮肉な笑顔で首をふった。

問　で、この五月二十二日は土曜日でして、次の五月二十四日、これははじめて被告人蓮見が書類をもちだした。四谷付近のバーとかで最初受けとった。受けとる前に、五月二十四日午前中かも知れませんが、被告人蓮見に電話をかけましたか。

答　ええ、電話かけました。

問　何度ぐらいかけましたか。

答　それは一度だと思います。

問　どういうことを。

答　それはもう、そこで再度頼むということではぜんぜんなかったわけです。

問　どういうことですか。

答　もうこちらから依頼し、その趣旨はわかっていただいておりましたから、そのことを言っただけです。それで、前に電話をするということでございました。

問　待っている場所を知らせたということだけですか。

答　ですからその時に、特にそれでもってまた書類を頼んだというような記憶はまったくございません。

問　この五月二十四日、二、三回電話して「頼む、なんとかしてくれ」というようなことを被告人蓮見に言ったという記憶はないのですか。

答　それはぜんぜんございません。記憶がないというより、そのような事実はございません。

検事の声の調子が、このあたりから妙に馴れ馴れしくなったり、威丈高になったりしはじめた。

問　同時にまた、「頼む」と書いたメモを被告人蓮見の机の上にそっとおいてくるということはしなかったの。

答　そのときはもう電話ででしたし——。

問　したがってメモを渡したということはないのですか。

答　その時点ではありません。

問　じゃあ、いつの時点だったのですか、「頼む」というメモを渡したのは。

答　それは、いわゆる受けとる場合ですか、受取り先といいますか、それだけを知らしただけですが。

問　秋元事務所ですか。

答　はい、知らしただけです。

問　被告人のこの公判における冒頭の意見によりますと、被告人と蓮見との特殊な関係はこれは個人的な問題であって、何ら取材とは関係がないというような趣旨にみえることが書いてあるんですが、そのとおりですか。

答　私はその点については、今さっき述べたとおりでございます。

室温がひどくあがってきたので、黒いガウン姿の事務官が日比谷公園側のドアを開いた。ドアの向うは通路になっていてその窓ごしに戸外が見える。先刻から雷鳴のような遠鳴りが耳にひびいていたが、沛然《はいぜん》たるという形容にふさわしい雨が窓ガラスに叩きつけられて流れ、はげしい雷鳴がしていた。昼休みの晴れわたった夏空が嘘のような、すさまじい大雷雨だった。

検事の質問は迂回しながらしぼられてきた。

問　はじめて書類の持出しを頼んだ場所は、山王ホテルで五月二十二日ごろですが、そういう特別な関係が終った直後頼んだのはどういうことですか。

答　それは、あれでしょう、親しくなって一つとにかく頼んでみようということで頼んだわけです。それだけのことです。

検事は「うーん」と唸って首をふった。

問　相手がどう思うかな、なんてことは気にしなかったの。

答　私が趣旨の説明をして相手方がそれをどういうように受けとってくれるかということについては、まったくわかっていなかったのです。

問　それは結構ですが、結論的には承諾しているわけですが、普通であれば、ちょっとそういう場での依頼というのは逡巡するんじゃないかと思って聞いたのです。また被告人蓮見に与える影響にしましてもですね。

答　そういう場合、そこで依頼するというよりも、その前に会った場所で依頼しようと思っていたわけですよ。しかしそういうような場所柄というものがあって、そういう時の依頼というものをちょっとさしひかえた面があったわけです。だから何も、そのあとでもって計画的にそういう時点で依頼しようということじゃなかったのです。

問　いつからですか。

答　前に落ち合った場所だってありますから。それはホテル山王の待合室みたいなところで非常にがたがたがたがたしているということもありますし、あとは車の中だということもあります。

問　普通一般的に考えまして、被告人が趣旨を説明したとしても、被告人蓮見は政治にも経済にも興味のない普通の女でしょう。だとしますと被告人蓮見にだって疑われるかも知れませんよ、これは利用したな、と。そういう心配はなかったんですか。

答　ですから、これを利用するとすれば、私はひた押しにそれを利用してとっているんだというようなことをもたれるのはいやですから、私はあくまでも向うの選択というようなものを大事にしているつもりです。だから、催促をするとかなんとかいう、向うに対してそういう強圧的な態度だけはとったことはぜんぜんございません。ただ私はそういうときに依頼をして彼女がそれに対して応じてくれて、それに対してニュース・ソースがわからなければ、守れれば、そういうことはお願いしたかったわけです。そういう条件で——。

問　そのときに承知した、あるいはその後も継続して何度も運んでくれたわけですけれどもね。被告人運見はなぜ承諾してくれたと思いますか。

答　それは今までも何べんも同じような質問があるわけですが。

問　検事調書にはのっていないのですが。

検事はまた、眼鏡を光らせながら上体をそらせて西山記者を見下すようにした。

答　それは同じ質問だと思います。これは繰返しにすぎないのじゃないですか。

問　被告人の検察官に対する供述調書を見ますと、一回目の特別な関係ですね。これは五月十八日ですか。そのときは浮気心で、この関係を仕事に利用しようというつもりはなかったという記載になっております。それから、あるところでは、五月十八日、特別な関係があったときも、書類持出しの依頼のことは多少念頭にあった。あるいはこの日別れてから、関係も出来たので書類の持出しも頼めば承知してくれるだろうと考えた。それから、そういう特別な関係が出来たので、頼めば書類を見せてもらえるんではないかと思ったというようなことがいろいろ書いてあるんですが。これは、どういうことですか。

答　それは検察官の文言というものが非常にきつい文言でして、私はそのあとでもってやはり頼んでみようという気持が、それからかなりたって頼んでみようという気持が起ったことは事実でございます。

問　だけれども、そういう特別な関係と関係ないということですか。

答　ですから今さっき言ったように、親しい一つの関係としてはそれも一つの要素であったとは思いますと言っているわけです。

問　これは被告人の供述調書にもありますけれども、そういう特別な関係ということは、これは単なる浮気ですか。

答　そのようなことには、私は答える必要もないと思いますが。それは、二人の問題ですから。

問　そのような特別な関係が公けになったら、これは恥ですからね。なるべく知れないようにするということは事実でしょうね。まあ聞くまでもないことですが。

山川洋一郎弁護人が「異議あり」と言って起立し、関連性がないと述べた。検事がこれに対して「答えなければそれでいいですよ」と答えるとさらに「質問削除していただけませんか」「どうしてですか」「どういう関連性ありますか」という間合いのつまったやりとりになった。

林検察官　関連性あるから聞いているんですよ。

山川弁護人　ですから、具体的に関連性はなんですか。

林検察官　具体的に明らかにしたら被告人は答えてくれませんよ。

結局、裁判長が、裁判所は取り消す必要はないと判断を下し、質問が続行された。

問（林検察官）　一般的に見れば、男よりも女性のほうが、社会的家庭的にもそういうようなことが公けにされると困るということは、当然考えるだろうと思いますが、被告人はそういう蓮見の弱味を利用したんじゃないですか。

答（西山被告人）　そのようなことはまったくございません。第一あなたのそういう質問の前提が間違っているんじゃないのですか。

西山記者の声が反撃的になるのを、検察官はうっすら笑って受けた。蓮見さんはうつむいたまま右手で両眼をおさえている。

問　しかし取材を頼んだ理由、あるいはそれを承諾する理由というのはそういう特殊な関係にあるというから、ことはそこまで進みますよ、話は。

答　しかし、あなたの、どちらのほうがあれだというようなことは、ぜんぜん間違っているんじゃないですか。

問　この事件が公けになりかかった四十七年三月二十九日の夜、被告人は蓮見のうちに電話しましたね。

答　いや、向うから電話がかかったことが最初だと思いますが。

問　そのとき、国会で漏れたのは俺のミスだというようなことは言いましたね。
答　私、やはり結果的というような意味で言ったんです。
問　その際、被告人の蓮見に、外務省やめてもらいたいというようなことは言いましたか。
答　まったくそのような事実はございません。

検察官は『毎日新聞』の「本社見解とおわび」(昭和四十七年四月十五日)を材料に、
――『毎日新聞』では、被告人と被告人蓮見の特別な関係を取材方法とみているんですか。取材方法については秘匿しなければならないと……。
という質問を試みた。

西山記者は『毎日新聞』そのものではなく、したがってその見解を代弁する立場にもないことを答えた。検察官は二人で、丸顔の検事がつづいて質問に立ち、また電信文の文言の解釈をつつきはじめた。しかし、弁護人からたびたび異議が申立てられるほど法廷陳述の意味のとり違えが目立ち、また同僚検事の質問と重複もしていて、裁判長からその指摘がなされるなど、迫力がなく、法廷内部は暑いこともあって幾分だれた雰囲気がたちこめてきた。

この検察官から、電信文のコピイを社会党の横路代議士に渡した際の気持を問われて、西山記者は、裏取引、見せかけというやり方は、外交技術論としても、戦後の外交史上、あまり例がないものだろうとまず答え、言葉をついだ。

――（国会が）国権の最高機関であれば、それはなんら特定の特殊利益とかなんとかいうことではないので、予算に関係することですから、やはり周知させるための一つの手段としては、予算委員会という立場が、次善の策として適切じゃないかという一つの判断であります。で、私は特別に横路さんと親しかったからというようなことはなかったわけです。

問　そこでそのときに、電信文のコピーを渡すということについては、あなたはなにか条件をつけたんですね。

答　その問題については、私は特に答えなければいかんという理由はないと思います。

問　要するに私が聞きたかったのは、むしろあなたにとって有利なニュース・ソースをわからないようにという条件をたびたびつけられたということを確認したかったのですが。

答　それ相応の措置はとっておるわけです。

問　ただ、今、この場で結果論になるが、当時のあなたの行動を振り返ってみて、そういう条件をつけたにせよ、電文のコピーをそのままの形で渡したことについて、あれで国会議員に頼む方法として十分だったと思われますかどうか。その点だけ。

これは検察官が問題にすべき事柄だろうかという感じがひらめくときには、大野正男弁護人が異議ありと言って立ち上っていた。

大野弁護人　本件と関係ありません。

裁判長　異議に対するご意見。

石山検察官　それは本件につきまして特に情状に重要な関係がありますので、これが関係ないということはありません。

西垣道夫弁護人　どういう情状に関係あるのですか。

石山検察官　本件の犯状に影響ないということになれば、なぜここに被告人の蓮見がすわっているか、その理由について釈明していただきたい。

西垣弁護人　それは検察官が不当な起訴をしたからです。

弁護団では最年少にみえる西垣弁護人の発言の語尾は、法廷内の爆笑でかき消されてしまった。室内の熱気で窓ガラスが曇り、その向うにあいかわらずつよい雨脚で降りつづける雨と雷鳴と稲妻がある。それが爽快な夕立ちに感じられるようなはじけた笑い声とどよめきだった。裁判長はいつも笑みをふくんだような表情の人だが、このときは廷内の空気に誘われた。しかしすぐ笑いをおさめた。

えた。

——異議の理由を認めます。その点については別の質問をしてください。
傍聴席の椅子はまだギイギイ鳴っていたが、すぐ静かになった。検事は質問の矛先を変えた。

問　本件電信文の現物のコピーを横路さんに渡します際には、これはあなたの一存でなさったことですか。社の幹部に相談なさいましたか。

答　それも私の内部の問題ですからお答えする必要がないと思います。

問　本件で入手した電信文はどういう方法で保管しておりましたか。

答　それも関知しないことだと思います。

問　私が聞きたかった意味は、あなた自身が個人的に保管されたのか、社のほうに寄託されて保管されたのかということを聞きたかったのです。お答えやはりなさいませんか。

答　答えません。

問　それでは一般論として聞きますが、いろいろと取材をされて重要なニュース・ソースから貴重な資料を得た場合に、そういうものは新聞記者の、知った人だけの個人的な保管されるものとなるんでしょうか。それとも新聞社が保管されるべきものとなるんでしょうか。その点についてはどうですか。

答　それも内部問題としてお答えするわけにはいきません。

これは、微妙な部分であった。西山記者は、いかにも話しにくそうに答えていた。昭和四十六年六月十八日付の西山記者の署名記事を頂点にして、毎日新聞側は「証拠資料《ペンタゴン・ペーパー》」を政府につきつけて回答を迫るような報道姿勢はとらなかった。一方、米国の国防総省資料は、国家公務員のエルズバーグ氏によって持ち出され、『ニューヨーク・タイムス』紙、『ワシントンポスト』紙と連鎖状に掲載紙がふえてゆき、ニクソン政府はこのそれぞれに掲載禁止の処置をとり、法廷で争い、そして《知る権利》優先の判決によって敗れた。エルズバーグ氏は、逮捕状の出た翌日連邦捜査局に出頭、その際、「戦死者を思えば、資料の提供はおそすぎた」と談話を発表している。この事件は結局、政府側がエルズバーグ氏を精神異常者に仕立て上げるべく、精神医のところへ資料盗みの忍びこみを企てたことがウォーターゲイト事件がらみで明るみに出て、公訴棄却、政府側の完敗で終っている。

紙面でのたたかいはほどほどにおさめ、国会の場で決着をつけようとする判断に、毎日側の方針はどうからんでいたのかという素朴な疑問がある。西山記者の証言を聞いていると、そこにはなにか、明らかに出来ない事情の介在が感じられ、それが「企業エゴ」という連想を私の中にひきおこしさえした。

問　それじゃ次に移りましょう。午前中あなたが述べられた、当初からそういうような気持があって蓮見さんに接してこういうことをしてもらったわけではないと述べられたこと。それから、私(西山)の依頼に蓮見さんが簡単に応じてくれた、しつこく頼んだことはいっさいないと、この一点なのですが。そこでまず、前提の、当初からそういう気持がなかったという意味は、第一回目のことをおっしゃっているのでしょうか。

答　ですから取材目的のために一回とか二回とかいうことでなくて、取材目的のためにだますとか欺くという意思は持っていなかったということなのです。

問　それは当初からという意味ですね。

答　当初からです。

問　ただ、先程言いました特別の関係ができてしまった後に二度目に会う、その前にはそういう気持はあったでしょうかないのでしょうか。

山川弁護人　検察官の質問、すべて重複しております。

石山検察官　いや、そこまでは確かめておりませんよ。私はメモで、そこが聞きたりないと思って聞いておるのですけれども、頼む気持をもったのは、二回目の交渉のある前かあとか。

裁判長　それは前だということは林検事の質問で出ていると思いますがね。というのは、車の中で頼む機会もあったのだということを被告人が述べているわけですよ。

石山検察官　いや、それは頼んだかどうかのことをおっしゃっているのじゃありませんか。私はむしろ気持を起したのは……。

裁判長　いや、そのときには頼もうと思ったけれども、車とかロビーの中だから具合が悪いので、特別な関係の直後に頼んだのだという供述ですから。時期の問題だけでしたら重複尋問だと思います。

検察官がつきとめたかったのは、二人が特別の関係をもつ前後、西山記者の心に潜在的に浮んだ「資料の持ち出しを彼女に頼んでみようか」という気持、いつ、そういう感情がきざしたのかということではなかったかと思う。しかし、そういう心象風景に属する事柄は、文学の、あるいは心理学にとっての主要なテーマであるらしい。

問　結論的に、蓮見さんがあなたの話を聞いて、先程来あなたが述べたところによると、あなたがちょっと趣旨を言ったら、はいと言った感じなのですけれども、ぜんぜん彼女にためらいがなかったとおっしゃるのですか。

答　そのときに彼女の方でもって、そういういろいろ聞いておりまして、そこで断わるというような意思表示は、これはなんべんも言っておる通りです。なかったということです。それは二、三回も言ったんじゃないですか。

問　それでは、その翌々日の二十四日に電話をかけられたという点を言われましたね、先程。ただそのときには、さっきも同僚検事の聞いたことをはっきりしないのですけれども、あなたの方では、彼女がなかなか応じてこないのに、頼む頼むという趣旨のことは絶対かけたことはないと……。

大野弁護人　異議あり。まったく同じです。さっきそういうことはしなかったと言っているのに何回聞くのですか。わからないのはあなたがよく聞いてないからわからないだけで、普通に聞いておればわかってますよ。

裁判長　異議に対するご意見は？

石山検察官　それじゃ撤回いたしましょう。結局あなたは、メモを渡されたという記憶は、つまり秋元事務所でメモを渡したということでしたけれども、この点もお答えにならなければならないで結構なのですけれども、「頼む」と書いたメモを渡した記憶はほんとうにありませんか。

西山被告人　それも同じことだと思いますが。

これが検察官の西山記者に対する被告人質問の最後の部分である。弁護人によって検証された《知る権利》と国家機密の問題に比べて、検察側の国家機密優先の論証は迫力を欠き、検察側はその弱い部分をひたすら「情を通じ」、「執ように申し迫った」部分の実証にあてようとしていた。しかし、それも、傍聴する者の胸に、澱んで濁った思いをなすりつけるだけの効果しかなかったように見える。

この日の法廷をドラマにたとえれば、検事の質問は導入部の役割を果したにすぎないようにも思える。この導入部を効果的に生かし、定着させる展開がつぎに用意されていた。

蓮見さんの弁護人が立ちあがったとき、裁判長から、録音テープも残りすくなくなっているので、いったん休憩をしたいと提案があった。坂田弁護人は「私の質問はすぐ終りますから」と笑いながらスタスタと法廷中央へ歩いてゆき、いかにも場なれたという態度でテープの残りの部分をのぞきこむと、それが癖らしくズボンを両手でひっぱりあげつつ、体をゆすりながら弁護人席へ戻った。

第七章　相被告人

「すぐすみます」と言いながら、坂田弁護人の質問はかなりしつこかった。

問（坂田弁護人）　外務省に前後通算四年間勤務されて、その間蓮見被告とどれくらいの面識がございましたか。まず第一回目の三年間に蓮見被告が勤務している場所に、あなたは始終出入りをなさいましたか、なさいませんでしたか。

答（西山被告人）　私は第一回のときは、島さんのところへ出入りしている過程で面識がございました。

問　面識というのはどの程度の面識でございましたか。

弁護人の口調が朗々としてまるで歌いあげるみたいなので、傍聴席に失笑の波がひろがる。

答　私はそのときには安川さんのときほど頻繁に出入りはしていなかったものですから、やはり島さんのところへ入ってゆく途中だとか、隣の部屋にいて、そこを通るものですから、そういうようなときに挨拶するとか、いわゆるそういう面識でございます。

問 そうしますと、あなたが親しくなったとおっしゃるのは、二回目の、外務省の記者クラブのキャップをおやりになっているときの一年間と伺ってよろしいですか。

答 そのとおりです。

問 親しかったとおっしゃるのですがね。特殊な関係を別といたしまして、親しかったという表現にはいろいろ濃淡の度合いがあると思いますが、どの程度の親しさでございましたでしょうか。

答 その点についてはいろいろなのでかなり述べておりますから、繰返しになると思います。

問 それでは私の方からこういうふうに伺いましょう。親しいという中でも、しょっちゅう食事に行くとか、人には言えないような相談を、特に一身上のことを相談するとか、あるいはただ親しいので肩を叩き合うとか、あるいはほかの女子職員よりも親しいので、特に蓮見被告人に対してあなたが私的なことが起ったときに頼むとか、いろいろなニュアンスがございましょうが、その中でどのへんに当ったのでございましょうか。

傍聴席にはまた失笑の声が洩れた。坂田弁護人の言い方には〈説諭〉を思わせる調子がある。

答　まあ、なかなか今の分類……。ですけれども、私はほんとうに親しいわけなので、そこからですね、安川さんとぼくとの連絡というものを彼女が全部してくれるわけですし、さらにまたほとんど毎日、部屋に必ず顔を出すということでございますから、その過程においてはいろいろな会話は出るわけでございます。それから世話になっているということで食事に誘うというようなこともございますし。それこそ毎日のように接する機会があるわけですから　これは自然に親しくなるのは当然のことなのですが。

問　あなたは親しかったので、機密書類も持出すことを頼んだというふうにおっしゃったように思いますが、そう承ってよろしいですか。

答　それもお答え済みだと思います。

問　いや、はっきり言っておりません。だから確認しておるのです。答えられたというのはそういうふうにとっていいということですか。

答　依頼したわけですね。

問　親しかったからね。

答　ええ。

問　それから、あなたは第二回目の特殊の関係のときに、直後に、あなたの参考資料とおっしゃるものを、蓮見被告人に趣旨を説明して見せてくれないかとおっしゃったということですが、私はこの点、前々からわからないところがいっぱいございますが、新聞社は、私もずいぶん長い間新聞社の皆さんとは付合っておるので、どういうものかよく知っているつもりですが、新聞社では取材方法に婦人関係があった、あるいはそれが手段にされたということがあったときに、懲戒とかそういうことはございませんか。それを不問に付されるものですか。

西山記者は、「ケース・バイ・ケースでしょう」と答え、坂田弁護人は「懲戒を受けるということがありますか、ありませんか」と質問を繰返した。押し問答になった。

裁判長　ちょっと弁護人、それは、蓮見被告人の防禦にとってどういう関係が出てくるのですか。

弁護人は笑いながら自信ありげに答えた。

坂田弁護人　もうしばらくお聞きください。

裁判長　関連性をお聞きしているのです。

坂田弁護人　結局私の受ける印象では、蓮見被告人はなんかすいすいとものを持っていったように思うのですが、どうも私が日常接しているところではそう思えませんので、それを立証しようと思って、それにはいったわけですが。

裁判長　それならそれでいいのですが、新聞社の中の懲戒規定云々が蓮見被告人の問題と関連することもないと思うのですがね。

坂田弁護人　それじゃ聞き方を変えましょう。あなたは、この機密書類ならびに参考資料を蓮見被告人から出してくれないかということを頼むのに、場所柄をいろいろお考えになって、その前に落ち合ったところはどこかわかりませんけれども、あるいは車の中などで頼もうかと思ったのだが、場所柄が悪いので遠慮したというふうに先程お答えになったと思いますが、どうですか。

答　そういう環境が、かなり私がそういう依頼をするということに対しては不適当であるという判断はあったのです。

問　そうすると、特殊な関係があった直後に頼む方がもっと不適当だと思うのですが、どうでしょうか。

答　私が言っているのは、そこでは私の説明というようなものをするのに、要するに相当うるさい場所であるし、それからまた、落着かないところであるというような、意識の方を言ったわけです。その他の、今のあとの問題については、私はもうお答えする必要はないと思います。

問　答えられないと、こういうことですか。

答　それは、その面のことについては、かなり説明はしているはずです。

問　いや、はずじゃないからお聞きしているのです。答えられないと承っていいですね。

これで坂田弁護人の質問は終り、短い休廷のあと裁判長の被告人質問がおこなわれた。

問（山本裁判長）　一般的に蓮見被告人から記事の取材をしようというふうに考えだしたのはいつですか。

答（西山被告人）　それは親しくなってからですけれども、やはり親密な関係後に頼んでみようと……。

問　最初の親密な関係ができた後、二回目の前だということですね。

答　はい、そうです。

裁判長は蓮見被告人に資料の持ち出しを頼んだとき、どんな書類をもってくると思っていたのかという想定の内容と、依頼したときの言葉、「秘密文書」という表現を使ったかどうかを聞いた。西山記者は具体的な想定はしにくかったこと、秘密云々の表現のないことを答えた。裁判官席は三人、いずれも黒いガウンを着ている。裁判官の質問がしばらくつづいた。法廷内はひどくむし暑くにごった空気になって、汗ばんできた。西山記者はようやく長い陳述を終って、証人の席を離れた。

午前中の法廷では、佐藤内閣のおこなった《肩代り密約》にかかわった一人の新聞記者の姿が、鮮明に印象づけられた。それが午後になると検察官の質問によってだんだん薄汚れてきた。事柄の本質を〈情を通じ〉などという検察側発想によってごまかされまいと考えている私にとっても、十八日にはじめて関係ができ、二十二日に書類の持ち出しを依頼したというのはまずいな、という想いが浮んだのは事実である。

論理というものは感覚に対して脆いところがある、ということなのかもしれない。検察官と西山記者の応酬が〈特殊な関係〉をめぐってかさねられるのを聞きながら、局面がぐるりと一つまわった感じがした。政治責任、そしてそれをあばいた者を逆に告発した権力意志の不当を考えていたのが、女心の弱みにつけこんだ男の話という実感にすりかわる。西山記者の陳述する背中を見ている私の視野には、うなだれている蓮見さんの姿がいつもはいっている。蓮見さんの仮面のように無表情な顔に、ときどき涙の光るのが見える。それを眼にいれながら西山記者の声を聞いていると、「あなたもずいぶん罪なことをしたんですねえ」という感じが湧いてくる。そうではないと自分で打ち消しても、鉛色を帯びたように艶のない蓮見さんの横顔がまたクローズ・アップになる。

坂田弁護人が、お国訛りのあるせいか、まるで教えさとしているような言い方で、〈親しさ〉の程度を聞いたあたり、どう受けとめていいのか、私自身まとまりがつかなくなった。西山記者の証言は、西山記者の依頼に易々として応じた蓮見さんの姿を描き出す。その蓮見さんは黙って涙ぐんだような眼をして坐っている。まるでい̇け̇に̇え̇の祭壇にのせられた羊のように——。

その蓮見さんが裁判長に呼ばれ、いま西山記者がたちあがって被告席へ戻ったばかりの証言者の椅子に坐った。蓮見さんのワンピースの裾は短かった。傍聴席で隣りあっている人の体温を感じるほど、むし暑くたちこめた空気の中である。男の体温でぬくもっているビニールレザーの椅子に坐るストッキングに包まれた軀という想念が、しつこく追いかけてくる。

蓮見さんは、まず林検察官の質問に答える。その最初の声を聞きながら、私の中にはまたあるとまどいがひろがっていった。

問(検察官)　五月二十二日、はじめて被告人西山から、書類を見せてくれと頼まれたときの話ですけれども、先ほど、被告人西山が供述していたのを聞いていたとおり、その際、中国代表権、あるいは中国問題ですか、そのような書類の持ち出しを被告人に頼まなかったという供述を被告人西山がしていましたね。

答　……（うなずく）。

問　で、その点の記憶はどうですか。というのは、被告人は検察官に対する供述……。

大野弁護人　異議あり。まず、前の質問にのみ答えるべきであって、はじめから、前にこう言っているとか、ああ言っているとかいうのは、アンデュー・インフルエンス（不当な影響）を与えると思います。

問　中国代表権問題、あるいは中国問題の書類を頼むというようなことを、いちばん最初のときに被告人西山から言われた記憶があるか、ないか。その点はどうですか。

答　言われた記憶がございます。

法廷内によく通るしっかりした声である。はじめて聞く蓮見さんの声は、一点悪びれたところもない。これが罪人という文字を形にしたような姿で、ついさっきまでうなだれて坐っていた人だろうかと思う。

問　先ほど、被告人西山が供述しておりましたが、その頼む際、沖縄返還交渉に疑問点もあるしというようなことを言って、被告人に書類の持ち出しを頼んだということを言っていましたね。

答　はい。

問　沖縄返還交渉について疑問点があるということを、そのとき、被告人西山から言われた記憶がありますか。

答　いっさいございません。

傍聴席は椅子の軋む音もしなくなった。

問　そうすると、当初から、沖縄返還交渉関係、中国関係、この二つの書類を頼まれたんですか。

答　はい、そうです。

問　はじめからそれですか。あるいは、はじめはどんな書類でもいいというようなことを言われたのかどうか、あるいはストレートに最初から沖縄関係という言葉が入っていたのか、その点はどうですか。

答　最初は、安川のところに回ってくる書類を見せてくれないかということを言われたのです。それで、わたくしは、わたくしにそのようなことを頼んでもそんなことは出来ないということを申しまして、その後また、書類を見させてくれと言われても、どのような書類かはわたくしにはわからないということを言ったんです。そうしましたらば、なんでもいいから安川のところへ回ってくる書類を見せてくれ。特に沖縄と中国問題がいいなということを言ったんです。

蓮見さんの発言には「ええと……」とか「まあ、その」というような曖昧な言葉はいっさいない。ゆっくりと正確に、しっかりした声でよどみなく話る。直截に答えなかった西山記者とはきわめて対照的である。消えも入りたげな風情を何時間も見せてきた人だけに、この印象はとくに深い。長年勤めをもってきた女性の職業訓練のたまものだろうか、と私はいくぶん舌をまく思いであった。

問　はじめて書類を持ち出したのは五月二十四日になりますか。

答　はい。

問　受け渡し場所は、四谷付近のバーとかいうことでしたね。

答　はい。

問　この日、被告人西山から、あなたのとこに電話がありましたか。

答　はい、ございました。

問　何度ありましたか。

蓮見さんはすこし考えこむふうであった。

答　別に何度といった記憶はございませんけれども、ともかく、二、三度あったというふうに記憶しているんです。

問　電話の内容は、どういうことを言われましたか。

答　書類を持ってきてくれというのと、それから、確か、その場所を指定してきたんだと思うんです。

問　何度かあったその電話の中で、その場所の指定をいつも何度かにわたって言ったというんですか。あるいは、その中の一回の電話は場所の指定で、他は書類の持ち出しをしてくれという電話ですか。

かなり誘導的な質問だと思い、弁護人席を見る。西山記者側の弁護人も蓮見さん側の弁護人も立つ様子はない。蓮見さんは検察官の言葉が終ると、間をおかずに「そうです」と答えた。

問　その日、被告人西山が、外務省のあなたの机のとこに来ましたか。

答　はい、来ました。

問　何時ごろですか。

答　ちょっと時間の記憶は……。

問　それは、この日の待ち合わせ場所であるニューオータニですか、そこへ行く前ですね、当然。

私はまた弁護人席を急いで見る。

答　二十四日のことをご質問なさっているのですか。

問　そうそう、二十四日に、あなたのところに被告人西山が来たか、来ないかという質問ですね、さっきは。

検察官の口調はいくぶんあわてている。蓮見さんはなんと落着いているのだろうとまた思う。

問　この日、はじめて書類を渡した日で、被告人西山があなたのとこに現われたのは、この書類の受け渡し場所に行った前か後か、どちらです？

蓮見さんは小首をかしげてしばらく考え、そして答える。

答　書類の受け渡しの場所に行った前だと記憶しています。

問　被告人西山があなたのところに来たそうですが、なにか渡されましたか。

答　はい。

問　なにを、渡されましたか。

答　メモを置いていかれました。

問　そのメモには、なんと、書いてございましたか。

爪先立ちして歩いているように声に波があって、検察官の声はなんとなく芝居じみて聞える。

答　頼む、と書いてございました。

問　どういう意味に、理解しましたか。
答　その前にも書類のことを言われておりましたので、書類の持ち出しを頼むという意味にとりました。
問　いま言った、書類を頼むという電話があったとか、頼むというメモを渡されたというのは、最初に書類を渡した五月二十四日のことに間違いないんでしょうね。
答　わたくしは、そう記憶しています。
問　外務省の書類を持ち出しまして被告人西山に渡すようになってから、被告人西山から電話がかかってくることが、ありましたか。
答　ございました。
問　それは、たとえば、先ほどの被告人西山の供述に出たように、安川さんの都合、居るか、居ないかとか、そういう電話なんでしょうね。
答　そういう電話もございました。
問　そのほか、どういう電話がありましたか。
検察官は証言席の蓮見さんの顔をのぞくようにして言った。
答　そのほかに、短い言葉で、命令的に、「頼んだぞ」「いいな」「あったか」というたいへん短い、一方的な電話が始終かかってきました。

蓮見さんはこの電話のセリフの部分を、ちょうど電話器の向う側にいる男が言ったのを再現しようとするように、区切りながら声色をつかって言った。ざらっとした、一瞬の違和感があった。

問　あなたは、その電話を進んでとりたくないという気持で、電話が鳴っても受話器を取りあげなかったということがありましたか。

答　ございました。

蓮見さんはここで、万感胸に迫るというように、感に耐える声を吐き出した。しかし検察官の方があわててその言葉尻をひったくるように質問を重ねた。

問　そういう際は、だれが電話に出るんですか。

答　同僚の山田さんが出ました。

問　ちょっと待って下さいよ。電話といいましても、受話器を取らない以上、被告人西山からかかってきたかどうか、わからないわけですね。

蓮見さんは「はい」とはっきり答え、傍聴席では椅子がキイキイいい、笑い声がきこえた。

問　電話のベルが鳴ったのに、被告人西山だと感じて取らなかったということがあったという意味ですね、そうすると。

答 はい、そうです。

問 なぜ、そういうふうに電話を取らないんですか。その気持はどうなんですか。

答 わたくしは、自分のしていることの重大さというのをよく認識していましたし、恐ろしいことであるということもわかっていましたし、電話でもってなにか命令的に短い言葉で言われるというのを、非常に恐ろしいと思いました。それで、電話のベルが鳴ってもわたくしは怖くて手にすることができなかったんです。

ゆっくりと正確に蓮見さんは供述をつづけていた。つっかえたり、言い間違えて言い直すということは皆無である。

問 外務省の書類を持ち出しまして、被告人西山に渡した動機の点につきましては、あなたは検察庁でいろんなことを言っているわけですけれども、いろんな理由は、すべて並列的に重要であったために出したのか。あるいは何か特別重要な理由がその中にあって出したのか、どういうことですか、それは。つまり、いろんな理由がありますね。それが同じような重みがあったのか。あるいはなにか、特別、ひとつ重みのあるものがあったという上で出したというのか、その点はどうですか。

答 いろいろ理由がございますけれども、その中でやはり、もっとも重いというか……。

聞いた検察官の方が、答の方向を先に言った。

問　特殊な、そういう関係ということですか。

答　はい。わたくしにとって、やはり、いろいろな理由はございますけれども、中でも、西山記者との間の特別な関係というのが明るみに出されることをわたくしは非常に恐れていました。

西山記者は明けられたドア越しに、雷雨の叩きつけている窓をじっと見ている。蓮見さんはつらくてつらくてならなかったという感じを、体と声の両方で表現していた。

検察官の質問はここで終った。ふりかえってみると、蓮見さんを国家公務員法違反で起訴した検察側は、蓮見さん自身の書類持ち出しそのものについてはなにも聞かなかった。そういう行為を行なった一つの人格という感じは皆無で、いかに西山記者によって脅やかされたか、つまりはそのかされたかの証拠固めとしてすべての質問は用意されていた。蓮見さんは、西山記者がこの日の証言台で強制に類したことはなにもしていないと供述したのを、電話といいメモといい、ひとつずつくつがえしていった。

西山記者側の大野弁護人が立った。

問　五月十八日以後、最初に電話がかかってきたのが、たぶん五月二十一日ということのようですが、そのときには、(会う)場所の指定は誰がなさったんでしょうか。

答　わたくしがしました。

声にはならないが、五十人からの傍聴人の反応は、ひとつの雰囲気となり、それは蓮見さんを背後から包んでいったはずである。

問　あなたのほうから、バー「カプリ」を指定されたわけですか。

答　はい、西山さんから電話がございまして、西山さんが当然場所を指定すると思っておりましたところ、西山さんからの指定がなく、いつまでも電話に出ていると同僚の山田さんの手前もあり、わたくし、ちょっと困りまして、自分が一、二度行ったことのあるニューオータニのバー「カプリ」を指定したのです。

問　八月ごろに一ヵ月近く西山さんがアメリカに行っていますが、その間、何回くらいあなたは西山さんにこの書類を送ったことがありますか。

答　それはちょっと記憶にありませんけれども、二回だったように……。

問　もう少し多くなかったですか。

答　二度か三度と記憶しています。

問　西山さんとの個人的な間柄が切れたのはその年の九月、二度目の西山さんのアメリカ行きの後の九月十四、五日ころだということですが、それには間違いないでしょうか。

答　わたくしは、もっと早い時期ではなかったかと記憶しているんですけれども、わたくしの記憶ちがいかも知れません。

問　九月頃にも、秘密文書をお渡しになったことがあるんじゃないですか。

答　ちょっと記憶にございませんけど……。

関係の終った時期、秘密文書の持ち出しの期間、いずれも、女として外務事務官として、そう簡単には忘れられない事柄であるはずなのに、ここへ来て蓮見さんの答は、はっきりしなくなった。ズボンをひとつゆすりあげて坂田弁護人の質問がはじまった。

問　あなたの先ほどの供述を聞いておりますと、西山記者にあなたが文書を出したということとの、もっとも大きい理由は、特殊な関係がばれることが怖かったからだとおっしゃいましたね。

答　はい。

問　しかし、西山さんが、あなたに、ばらすぞと言ったようなことがあるんですか。

答　それはございません。

問　それならば、なぜ怖かったんですか。

答　別に、なにも西山さんから直接そのような言葉を言われたことはありませんけれども、わたくしは主人から折にふれて、男の人はそういう関係ができたときに、よく人に話したがるものだし、特に新聞記者というのは、口がそういう点では軽いしするから、新聞記者は怖い人だよという話を聞かされたものですから、すごくそれが自分の心に残っていました。

カッとのぼせて、しどろもどろになりそうな場面を、蓮見さんはゆとりをもって切りぬけてゆく。ピンを一列に打った髪の異様さも、うしろから見れば、項《うなじ》にきれいな形に毛先がととのえられ、まとまった後ろ姿をつくっている。

問　ご主人は、どうして新聞記者をご存じなんですか。

答　主人はもうずいぶん前ですけれども、以前、埼玉県庁に勤めていたことがございまして、そのころ、よく記者の方を知っていたようです。

問　それで、あなたは、そういうご主人の言うことを信じておったということですね。

答　はい。

問　あなたは、ばらすというか、明るみに出るとおっしゃったですね。

答　はい。

問　明るみに出るということは、新聞に出るとか、雑誌に出るということですか。

答　いいえ、そういう新聞とか雑誌とかいう以前に、わたくしは人に聞かれる、特にわたくしは主人にこのことを言っていませんでしたから、主人に知れるということを、それから、自分の上司であって、わたくしを信用して下さっている安川外務審議官にひょっとしたら知れるんではないかというふうに恐れていました。その、ばれるというか明らさまになるというのは、そういう意味です。

問　しかし、西山さん、そういうあなたの態度わかったでしょうかね。あなたが一方的にそう思ったんじゃないんですか。だいぶん誤解しているように。

答　いいえ、やはり……。

問　西山さんの言うことが本当とすれば、あなたの態度をだいぶ誤解しているように思うが、あなたはそういう、態度を誤解されるようなことを何か思われたふしはありませんか、もっしそのことを離れて。

答　どういう意味ですか。

問　頼めば秘密文書でも出してくれるほど親しかったというようなことを、あなたが西山さんに思わせるようなことはなかったかどうか、ということです。

答　そのようなことはなかったはずです。

問　それなら、持ってこなければご主人に言うぞと、安川さんに言うぞと言ったわけではないのに、あなたがただ一人で恐れていたんじゃないのかということです。西山さんはわかっていただろうかということです。あなたが怖がっていることをね。

傍聴席から蓮見さんの顔は見えない。坂田弁護人の位置からも、蓮見さんのうしろ姿しか見えないはずである。蓮見さんの息づいている肩は薄く見える。傍聴席ではハンカチを出して汗を拭く人が目立ちはじめた。蓮見さんはしっかりした声音で答えつづける。

答　それはやはり、西山さんも西山さんの立場から、男の立場から、女性を見た場合にわかるんじゃないでしょうか。わかっていたと思います。

相被告人とは奇妙な関係で、利害が相反することが多く、法廷で思わぬ泥試合に発展することも珍しくないと言う。証言席から西山記者の位置までは二メートルない。証言台で西山記者は「そそのかし」の事実はないと証言し、いま蓮見さんは、弱みにつけこまれたことを立証しようとしている。

問　西山さん、あなたとたいへん親しかったと言っていますが、あなた、西山さんに対して、そんなに親しいという感情を抱いていたんですか。親密な関係をのぞいてですよ。

坂田弁護人は一語一語、効果をたしかめるように区切って聞く。

答　わたくしは、西山さんとそれほど親しいなんていうことは、ございませんでした。第一、先ほど、たいへん親しい親しいという言葉を(西山さんが)おっしゃるもんですから、わたくし、たいへん不思議に聞いていたんですけれども、親しいというよりか、わたくしは偉い人のところへ来る偉い記者という感じがして、そんなにわたくしのほうから親しいなどというような感情をもったことはありません。

話した言葉がそのまま文章になるように話すには、かなりの熟練を必要とする。西山記者の陳述はその話し方の下手さ、意味をなさない接続詞や間投詞をやたらに使うために迫力を欠き、蓮見さんのそれは、まるで原稿を読みあげているようにととのっている。

問　一言で言えば、やさしい人とか、怖い人とか、えらい人とか、あなた、えらい人だとおっしゃったんですが、そのほかに……。

答　わたくしの感じとしては、ほかの記者の方からくらべたら、怖い人だなという感じを受けていました。親しいという感じは持っていませんでした。

その偉い、怖い男性は、供述する蓮見さんのすぐ左手に坐って、黙然として腕を組んで聞きいっている。そんな怖いとっつきにくい人なら、なぜ親密な関係をもったのだろうかという疑問がよぎる。しかし弁護人の質問はそんな疑問など無視してすすむ。

問　しかし、そういうふうに西山さんがさかんに言ってるけど、なにか思いあたるふしがないんですか。ただ安川さんのとこへ取次いであげたというようなことですか。

答　そうですね。安川外務審議官とたいへんお親しくしていらっしゃいましたので、やはり、当然親切にしてあげる・…、親切というのは、ちょっと言葉があれですけれども、特に便宜を図ってあげたというのでしょうか。外務審議官の在席か不在かというふうな問合せとかにはですね。そういう場合にわりと親切に答えてあげたりしました。

問 それは、外務省の職員としてでしょう。

答 そうです。

問 ご主人はどういう方ですか。あなたの私行などについて。

「異議あり」と言って大野弁護人が立った。

大野弁護人 裁判長、ご主人が傍聴しておられる目の前でそういうことを言うのは、あまりにどうかと思いますし、もしそういうことをどうしても聞かなければこの関係があれだとすれば、もっと自由な立場にしてあげられるような措置をとった上で尋問されるほうが、普通のやり方だと思いますが。

坂田弁護人はこの異議を正面を向いたまま聞いていて、即座に答えた。

坂田弁護人 見解の相違でございます。

山本裁判長 検察官、ご意見いかがですか。

林検察官 意見ありません。

裁判長 蓮見被告人、いまの尋問に対しては、ご主人がおるのとおらないのとで、この法廷にですね、答える内容が変ってきますか。

蓮見被告人　関係ございませんけれど。

裁判長　じゃあ、返事して下さい。

答　主人はたいへんきまじめで、すごく真面目な性格というか、わたくしとちょっと似たところというか、きちょうめんなところがあるのです。それで、わたくしが外で働いているせいかとも思いますけれども、わたくしに対しては非常にやさしく愛情も深いんです。でも、その反面、わたくしの行動については普通の関心よりかも、もっと……。それは、わたくしを外に出しているから、危険とかそういうことも考えての上だとも思いますけれども、わたくしのことについては、非常にことこまかく聞くというか、調べてみたい、そういう性格というんでしょうか、もっています。

坂田弁護人　あなたの身体的状況を手帳に書くようなことをしますか。

答　そうですね。わりと、今日どうしたとか、わたくしの身体的なことをよくメモしています。

妻の日々の身体的特徴をメモするとは、いったいどういうことだろうか。きれいごととして考えれば血色ということもある。健康メモなら生理日ということもある。しかしテンポの早くなったこのやりとりには、特に弁護人の語感に、隠微な想像力を刺戟するものがある。たとえばキスマークの有無というような――。しかしそれは、誰によって妻の身体の上に残されたキスマークなのか。

問　あなたが遅く帰ったりすると、よく文句を言いますか。

答　もちろんです。

蓮見さんは断定的に言う。この法廷で終日、妻と西山記者との「特殊な関係」が云々されるのを聞いて、いまや夫婦生活の断面をさらされている夫の立場はやりきれないものだろうにと思われる。私でさえつい、被告席のベンチの端と端に坐った一組の男女から、考えてはならない秘図を想像してしまう瞬間もあるのだから――。

問　どんなことを言うんですか。

答　やはり遅く帰ったときには、前もって連絡しておかないかぎり、わたくしの行動について、非常にしつこいというくらい聞きます。

問　検察官を前にしてこういうたとえはなんですが、検察官のように？

法廷内はどっと笑い声にどよめいた。検察官も苦笑いしている。

答　そうですね。検察官の方にはたいへん申訳ないんですけれども、わりとそうですね。

問　酒飲んで帰ったりしたときは、どう言いますか。

答　わたくしには、別にどこでどうしてというようなことは聞きませんけれども、また、わたくしが言わなくても、お酒を飲んでいるなとか、わたくしが最後ですから、鍵をかけるんですけれども、鍵のかかり方でわかるとかなんとか。ときには誰と飲んできたとか、いろいろとこまかく聞くこともあります。

問　それだけあなたに愛情が深いということですね。

答　そう思います。

問　裏から言えばね。

答　はい。

坂田弁護人の質問は終った。夫のエキセントリックな性情を被告席の妻の口から言わせて、それがどう蓮見さんの防禦に役立つのか。しかもこの日の質問は、蓮見武雄氏の希望にそっておこなわれたという。坂田弁護人がもし最後の質問を、〈あなたはそういうご主人を愛しているんですか〉と聞いたら、どんな答がなされただろうか。

問（裁判長）　井川・スナイダーの文書は、どういうことから渡すことになったのか、覚えていますか。

答　どういうことと言いますと……。

問　とくになにか頼まれたから渡したのかどうかということです。

答　井川という名前をあげたかどうか、ちょっと記憶にありませんけれども……、条約局長というようにわたくしは……。

ここへ来て、蓮見さんは供述に乱れをみせた。カッチリと言葉をえらび、すらすら答えつづけていたのが、ちょっと口ごもった。しかしすぐ、元の調子に戻った。「スナイダーが来るから、そのスナイダーとの会談の書類を持ってきて見せてくれないかというふうにわたくしは言われたように記憶しています」

問　条約局長とスナイダーとの会談の書類を持ってきてくれと言われたということですか。

答　はい。そのようにわたくしは記憶しています。

問　あなた、検察庁では、条約関係の書類を頼むと言われたと言っているんですけれども、どうなんですか。

答　いま、わたくし、条約局長とスナイダーと申しましたけれども、たぶん、検察庁で言ったことのほうが正しいかと思います。

裁判長はさらに聞いた。

問　その条約関係の書類ということで、あなたはどういう書類がそれにあたると思ったんですか。条約関係の書類といったら、非常に広いですよね。言い方を変えれば、沖縄返還協定に関する書類ということにもなるんだろうと思うんだけれども――。

答　たしかそのとき、要するに条約局長のところにスナイダーが来るからということを言われたと記憶しています。わたくしは、書類の内容とか、そういったものはまったくわかりませんので。

蓮見さんは証言の検察庁での供述との食違いを指摘されて一度訂正し、また証言の線へ戻った。裁判長の被告人質問の最後の、

問　西山被告人から頼まれたときに、秘密書類、あるいは秘密文書という言葉を口に出して頼まれたことはありますか、ありませんか。

答　それはなかったと思います。

というやりとりが印象的であった。蓮見さんの証言は終った。

蓮見さんは証言台から立ちあがって、被告席へ戻ろうとして一歩踏み出したとき、ぐらっとよろめいた。ほとんど西山記者の体にふれそうな位置で一度ベンチに腰をおとし、あとは全身でにじりながらもとの位置へ戻った。顔面は蒼白く、汗を拭くのか泣いているのかハンカチで顔をおおってしまった。

「弁護人、医者は呼ばなくていいんですか」

坂田弁護人は背後から蓮見さんをのぞきこみ、心配ないというようにすこし笑った。ふたたび西山記者が証言席へ坐った。

問(伊達弁護人) いま、蓮見さんの供述をお聞きになっておられて、井川・スナイダーの会談といいますか、井川さんのところへスナイダーが来るという話があって、そういう話があったということを述べていましたね。

答(西山被告人) はい。

問 あなたは、そういう井川・スナイダーの話し合いがあるということを、当時知っておったんですか。

答 井川・スナイダー会談というのは、電信文を見た結果わかったんです。ですから井川・スナイダー会談というのは、事前にまったくわかるはずのものではないわけです。井川氏とスナイダーが会うということは、事前にわかっておりません。

問 そうすると、いま蓮見さんがおっしゃったようなことは、蓮見さんに言った覚えはないわけですね。

答 そういうことは、ぜんぜんございません。

西山記者は証言席をおり、裁判長が次回の公判期日を告げて、長い夏の法廷の一日が終った。見えかけたものがまた見えなくなったような、焦点を失った思いで東京地裁の外へ出ると、いつか雷雨はあがって、名残りの雨が、雫のようにポツンポツンと熱した頰に落ちてきた。夕方五時、水たまりののこる路上に土曜日のせいかほとんど人通りはない。

第八章　検察の論理

——事件が報道された最初のときから、私は一度あなたに長い手紙を書きたいと思い思いしてきました。しかし、誰にも会わず、どこに住んでいらっしゃるかも秘していらっしゃるということを聞き、時期が来るまで、お手許に手紙を届ける方法もなさそうだとあきらめていたのです。

今日、確実にあなたへお便りできるはこびになったことを、ありがたく思っています。

——

こういう書き出しで蓮見さんへの手紙を書いたのは、雷雨の法廷から半月ほどたった八月の午後だった。あの日、蓮見さんの眼が傍聴席へ走ったとき、最前列にいた私は眼があったように感じて、それ以来なんとか会いたいという気持につよくかられていた。今日現在、蓮見さんとは会えず、この手紙は結局なんの役割もはたさなかったようだが、蓮見さんの手許に届いたことだけは確かである。

私はあの法廷に一口坐っていて、なるほどこういう《密約》の筋書きなのかと、眼のさめる思いをしたので、もしかして、蓮見さんの心境にも変化が起きはしないかと、ひそかな期待もあった。

手紙の後半にはつぎのように書いた。

――沖縄返還にあたって、米国が文払うべき基地処理の費用四百万ドルを、日本政府がひそかに肩代りして文払う、それが問題の沖縄秘密交渉の本筋です。そういう事実はないと、国民をいわば欺瞞しつづけた政府の政治姿勢を覆えす力をもつ秘密電報が、あなたの手を経て西山記者にわたされた、それが今度の事件の骨子です。

あなたも私も、明治憲法のもとにあった戦前の学校教育を受けて、どこかにまだその名残りがのこっていそうな世代ではありますけれど、新憲法のたてまえである主権在民の社会で、政府当局と主権者である国民との関係でいえば、「沖縄密約」で被告席に坐るべきなのは佐藤内閣で、裁くのは国民であるべきだったと思います。

それがそうではなく、「機密漏洩」の手段だけがことこまかに詮議されて、政府の責任はみごとにすりかわって解消されてしまった。そこに、戦後の日本の政治のある断面を私は感じています。西山記者の証言が浮彫りにしようとしたひとつの真実は、「本当に裁かれるべきなのは何か」ということだったと思います。

身じろぎもせずに坐っているあなたは、事柄の本質をどう把握していらっしゃるのか、それを知りたいし、わかってもらいたいと、私は祈りのような思いにとらえられました。起訴状にある「ひそかに情を通じ」云々という表現、この表現の毒によって、新聞の論調もかわり、世間の過半の関心がずらされてゆきました。まるで江戸時代の獄門、さらし首、ひきまわしにもひとしいような法廷の二人の被告人を、私は心からむごいと思いました。

四十代の女には、四十代にしかわからない人生の倦怠もあり焦《あせ》りもあり、つかの間の夢もあります。あるときあなたをとらえたものが何であったか、それがなんであったにせよ、誰があなたを裁き得るのかと思います。

本来責任を問わるべき国家権力が、あなたの個人的な秘密をあからさまにして指弾を加えようとしている——こんな不合理なことが行われていいのかと思います。国家権力による個人のプライバシー侵害として、あなたがぶつかっているほどひどいケースはないのではないでしょうか。あなたの立場に己れ自身をおいてみて、私ならこの場合いったいどう対処するだろうかと私はあの法廷で自分に問いつづけていました。

西山さんが証言台を去ってあなたがかわりに呼ばれる。その椅子には、まだ体温が残っている。そこへ坐るあなたの感情を推しはかれば、男と女のかかわりあいの、むごい業《ごう》を感じないわけにはゆかず、それにしてはあなたの答える声がはっきりとよどみのないのに、私は社会生活を長くつづけてきた一人の女性を感じたのです。

あなたが今、強く願っているただひとつのこと、それは、過去を抹殺して解放されたいということではありませんか。しかし、それがもはや絶対不可能であることを、誰よりもあなたがいちばんよく知っているはずだと思います。

思いがけない政治的大事件にまきこまれて、今までのあなたは嵐の海に浮ぶ小舟のように翻弄されっ放しであったように思えてなりません。これからの人生を、どう生きてゆこうとお考えですか？

その実行のむずかしいことを承知であえて書けば、あなたに「罪なき者、石もて打て」という心持になってほしい。過失とか罪人という思いにとじこめられて、うなだれたままでいてほしくないのです。

あなたを好奇心の目でみたり、あなたをふしだらな女として烙印を押そうとする人々はたしかに存在します。しかし、そういう人々だけがいるのではなくて、なんとかあなたの力になりたいと願う人々もたくさんいるのです。

そういう人々の輪のなかへ、ごくあたりまえの女のひとりとしての生活のなかへ、早く戻っていらっしゃいませんか。「あのとき、女として私は魔がさしたのかも知れない。しかし過ぎたことは過ぎたこと、後悔はすまい。それよりももう一度、沖縄返還交渉そのものが、正確に真実を歴史の上に記されることを願う」そういう心境まで、這いあがってきてほしいのです。

たちいったことのようですが、あなたが自らを隔離し、孤立しているかぎり、あなたの辛い試練から生れるものは不毛であり、あなたは今後、長くその影を背負ってうなだれた人生を生きてゆかれるような予感がして、それで黙っていられなくてこんな長い手紙を書きました。

この一年余の、心のなかにたまったたくさぐさのことを話して下さいませんか。どうぞ、おそれないで下さい——。

分厚い手紙をいれて封をしてから、私はまた開いて数行の書き足しをした。「私についで書きそえれば、あなたとは比較にならない小さな事柄ながら、私もまた〝汚名〟のなかに立ち、傷だらけになりながらもがいて生きてきた過去を背負っています」

誰にだってふれたくない過去はある。蓮見さんがもし心を開いてくれるなら、分けあえるところまで苦労を分ちあおうというつきつめた感情に、私はつよくゆさぶられていた。余計なお節介ととられたかもしれないこの手紙を書いていたとき、いちばん私は蓮見さんの近くにいたように思える。

とき経て、人を介して伝えられた蓮見さんの返事は、「誰にも会いたくない。なにも話したくない。そういうわたくしに誰ものを言わせることは出来ないはずだ」

というものだった。「いつか折をみて」と私は思い、蓮見さんと会う意志を捨てずにその手段《てだて》をさがしていた。

九月二十二日、検察側の論告と求刑がおこなわれた。「ひそかに情を通じ」「申し迫」りという前例のない文言をふくむ起訴状で起訴しながら、裁判の冒頭陳述では「たがいに好きだといい合」う状態であったことまでは認めた検察側の、論理の総括と求刑がなされるわけである。

二人の検察官は交替でうず高い論告文を読み上げる。すでに書きあがっている論告を、法廷で読みあげるのは裁判の形式的な手つづきであるかのように、機械的に早口に読む。なぜか、ひきこまれるような睡魔におそわれる日であった。緊張しているのに、ときどきふっと失神したように感覚がなくなった。

一方的に読みあげられる論告を、一字のメモも許されない法廷で聞く法律の門外漢にとって、検事論告はどうにもわかりにくい。しかしその論理と主張こそが、二人を法廷にひきだし、有罪の審判を要求している。それなのに論告がはじまって小一時間たったころ、法廷内に重くかぶさってくるようなだれた空気を生じた。

論告はまず、国家機関による秘密の決定と保持は行政府の権限であり義務である、という大前提に立ち、報道の自由の制約、報道の準備行為にすぎない取材活動へのより強い制約、国家公務員法の非公務員への適用を除外するなんの合理的理由も認められないこと、一一一条の「そそのかし」は、暴行脅迫などの手段行為はもちろん、相手方の弱点や困惑に乗じるなど、相手の意思決定に不当な心理的影響を与える方法を用いた場合も「そそのかし」の構成要件に該当することなどを述べている。

行政府が「秘密」と決めたらそれは形式的にも実質的にも秘匿されるべき「国家機密」なのだというのが検察の論理なのだが、しかし長文のこの論告には、素人の眼から見てつじつまのあわない表現がふくまれているように思われる。

外交交渉の「秘密」保護の必要性について、「一国の外交の目的は、その国家、国民の利益を他国に対して主張し、これを実現することにあるが、そこには当然相手国と相対立する利害があることを前提としているので」云々という箇所。また、「しかし、外交交渉の経過に関する事項であっても、相手国と公表する合意をし、あるいは自国や相手国に不利益を与えず第三国にも影響を及ぼさないような事項は、もとより秘密ではない」と述べている部分である。沖縄密約にからむ《秘密》とは、自国民の利害と相対立する部分をふくみ、一政府の体面と相手国の利益を守るためのものではなかっただろうか。検察官が主張するような保護を必要とする《秘密》だったといえるかどうか。

検察側はまた、問題の電信文の文言解釈をおこなって、これを日本側が肩代りしなかったという証左とみるべきであると結論し、被告人西山及びその弁護人らの主張は、「本件電信文に記載されている文言をかれこれ推理し、予断をもって想像を逞しくした」結果であるとした。

検察側が証人にたてた外務省の吉野、井川両証人は、しばしば失念をよそおってその証言を回避し韜晦《とうかい》させ、あるいは答えることを拒絶した。両者の証言にはいちじるしい食い違いもある。福田外相がすでに国会で認めた事柄についても、職務上の秘密であることを理由に証言を拒否するなど、秘密主義、排外主義の外務官僚の特質をさらけ出した感がある。

しかし検察官は、

「証人吉野文六、同井川克一の各証言などを拠り所にして虚心に本件各電信文を検討してみると……被告人西山及びその弁護人らの主張は理由のないことが明らかとなる。もっとも、被告人西山は、この問題についての右吉野、井川両証人の証言は真実を回避した虚偽のものである旨供述している。なるほど吉野証言の一部に、職務上の秘密に関するものであることを理由に証言を拒むべきところを、できるだけ本裁判に協力しようとする意思によるものかその挙に出なかったため、かえって曖昧さを残した部分のあることは否み難いが、……本件交渉の事務レベルの最高責任者としてみずから体験したところを、職務上の秘密に抵触しない限度において、記憶にもとづき、できるだけ正確かつ率直に供述したものと認められるので、右両証人の証言内容はきわめて信用性の高いものというべきである」

と述べているのである。〈電信文〉を虚心に読めば、密約があったと考える方がごく自然である。また吉野・井川両証人の国会答弁と法廷陳述に一貫しているのは、「正確かつ率直」というよりは国会をも法廷をも無視するような非協力的な態度である。検察官のこの説明は、はじめ刑事と民事の区別さえつきかねてこの法廷に舞いこんだ私を納得させるいくばくの力もない。

また、両証人の証言の食いちがいについては「さほど重要なものではない」「なにかの誤解にもとづくものとおもわれる」と苦しい弁解とみえる言葉をつかって、その証言の真実性の高さを主張している。

検察側は、沖縄密約の否認、報道の自由に対する国家機密優先の立証には迫力を欠いた論告の比重のすべてを、〈そそのかし〉の立証に求めたようにみえる。

密約問題では対立した吉野・井川証言と西山陳述のうち、西山記者の主張を全面的にしりぞけた検察官は、そそのかし問題においての西山・蓮見間の供述の矛盾に対しては、「被告人蓮見の供述が正しいと認められる」という選択をおこなっている。検察側の訴追の標的がまったく西山被告人一人にしぼられていたことが、この証拠の選択からもうかがえる。このことはまた、被告席の西山記者に対する攻撃が、検察官の席からと蓮見さん側の弁護人からとの挟みうちの形でなされたということでもある。そこには、考えようによってはひとつの連繫感覚すらあった。

西山記者が準抗告によって釈放後、蓮見さんの供述にいちじるしい変化の生じたことはすでにふれた。検察側はこの、西山記者に明瞭な敵意をもってからの蓮見供述、法廷陳述を引用して、

「被告人蓮見との間に既に生じた情交関係を利用して、同被告人から秘密文書を入手することを企図したうえ、ホテル山王においてあえてこれと一度目の肉体関係をもったものと認めるのが相当」

であるとして、西山記者の〝犯意〟の立証につとめた。西山記者とその弁護人が主張したところの、両名の特別な関係は「まったく個人的なプライバシーの問題であり、取材行為とはまったく関係がない旨の主張は、証拠によって認められる事実に反する独弁と評す

るほかはない」と検察官はいう。その検察官の《証拠》とは、ほとんど蓮見供述である。

西山記者の側は、この裁判を通じて、蓮見陳述の信憑性について争うことを避けた。蓮見陳述については反対尋問もせず、西山記者からの証言もなく、密室に属する会話はいわば蓮見さんの一方的な証言として記録にのこった。そのため、西山記者の法廷証言は説得力を欠きさえしたのである。

西山記者は検察官調書のなかで、はじめて肉体関係をもったときの心境を、

「二人とも四十を過ぎた大人ですから、真剣に愛情を持ったというようなことではなく、多少うわついた気持ですが、もっとも彼女の方がどの程度真剣に私の言葉を聞いていたか私にはわかりません。あるいは本気だったかも知れません」「私は、大人の浮気というつもりで彼女と肉体交渉をもったのです」

と語っている。一方蓮見さんによれば、

「西山さんが愛情の告白めいた話をしたのは十八日だけでした。二度目の関係のときは、たとえていえば事務的な感じでとても私を愛している人の態度とは思えませんでした。私達が関係したときは、いつもお互いがばらばらに旅館にきて、私が持ってきた書類を西山さんが調べ、それから二人とも無言のまま関係をすませ、それがすむと西山さんは私に言葉をかけるでもなしにさっさと身仕度をして一人で帰って行ってしまいました」

「西山さんとは、書類のこと以外でなにか話し合いをするということは、ほとんどありませんでした」

という具合である。検察官はこの蓮見供述を引用して、

「五月十八日ころの最初の肉体関係の前に、被告人西山が同蓮見に囁いた甘い言葉とは裏腹に、まったく事務的な索漠とした情事の継続が如実に窺われるのであって、被告人西山としては、もっぱら被告人蓮見から引きつづき秘密文書を入手することのみを目的として、同被告人を自己の桎梏下におかんがために、同被告人との肉体関係を継続したものであることを認めるに十分である」

と述べた。検察官が描いた蓮見さんは、西山記者という鷹の爪にとらえられた小雀のようでもある。それにしても、「囁いた甘い言葉とは裏腹に、まったく事務的な索漠とした情事の継続」とは、聞いている方が気恥しくなるような表現であった。

自己の桎梏下におかんがための肉体関係の継続というのも、ずいぶん古めかしい発想である。泥絵具で描いた秘図や、人身御供という忘れていた言葉を思い出させる。どちらにも人格のない男と女——。

しかし、蓮見さんが語っているように、それぞれがばらばらに旅館にきてそこではじめていっしょになるのなら、その場所へ行くか行かないかは、蓮見さんの自由裁量に多くの

部分がゆだねられている。密室へ行ってそこでどういうことになるのか、知らない年齢でもない。書類の持ち出しについても同じことが言える。夫にかくれての情事と、国家公務員法で禁じられている秘密書類の持ち出しと、ふたつながら危い橋を、とくに強要されたのでもない蓮見さんが渡りつづけたのは、なぜなのか。

「体の関係ができてしまうと、女としては男に強く迫られると最後までノーといい切れない弱さがありますし、あくまで断って西山さんの感情を害し、そのしっぺ返しというわけでもないにしても、なにかの機会に西山さんの口から『蓮見とできている』ということがばらされてしまうのではないかということも気になっていた」

という表現が蓮見供述にある。検察側はこの供述をもとに、

「ひとたび男と深い仲となってしまった『女の弱さ』、『弱い女の立場』が、夫に対する最大の背信行為が暴露されることについての極度の不安と相まって、被告人蓮見をして、同西山のしつような依頼を断りきれず、秘密文書の持ち出しを決意させる決定的動機となったこと、そして、被告人西山に命じられるままに、さながら機械のごとくほとんど連日のように外務省から秘密文書の写しを持ち出し……」

と、「弱い女心」を洞察し、そこに決定的動機があるとする。しかしそういう「弱い女心」と、機械のように秘密文書をもちだす「大胆さ」とは蓮見さんのどこに、どのように

共存しているのだろうか。しいて考えれば、恋人に会う目的のために、江戸の町に放火した八百屋お七の心境を想像させられる。

この裁判に見られた検察の論理は、もし新聞記者が女性で、取材相手の国家公務員が男性であった場合には、どう展開されるのだろうか。「情を通じ」てのそそのかしと言えるのだろうか。問題の本質にかわりはないのである。

しかし検察官はその論理の展開の上に、西山記者は、実質的にこの事件の主犯的地位を占めるものであり、犯行の手段、方法は「きわめて悪質、重大」で、その違法性は大であり、高度の道義的、倫理的非難に値するものと断定した。

蓮見さんについては、公務員としての自覚を忘れ、たやすく被告人西山の甘言に乗って、有夫の身でありながら深い関係を結ぶに至り、多数回にわたり多くの重要な秘密文書を持ち出した違法行為は、公務員の職責をも忘れた国家・国民に対する重大な背信行為であるという。しかし、

「真実の供述をし、公訴事実を全面的に認めてこれを争わず、外部からの種々の働きかけに対してもこれを斥けて、終始その態度を変えないことは、改悛の情顕著であることの顕現であり、検察官もこれを認めるにやぶさかではない」

と論告した。求刑は西山記者に懲役一年、論告から受けたあるいはという印象に反して、

蓮見さんは懲役十ヵ月を求刑された。

八月の法廷で、どこに焦点をあわせればよいのか、「藪の中」へ迷いこんだように感じられた印象は、この検事論告を聞くうちに、私のなかで次第に整理されてきた。

証言台をおりて失神しそうになった蓮見さんにむごたらしさを感じ、その蓮見さんを通して事件を見ようとすると、たぐってもたぐっても、まるで拡散するように事件はとらえにくくなった。しかし、検事論告は逆に、蓮見さんが法廷で果たしてきた役割を鮮明に浮き彫りにしようとしている。

蓮見さんは自ら政治や経済になんの関心もない〈平凡な女〉であり、おびえつついっそう情事の深間に溺れて秘密書類を持ち出させられた受身一方の弱い女を演じてきた。検察側にとっては、そういう〈平凡〉で弱い女の存在こそが、西山記者の〈そそのかし〉行為立証のため、欠くことの出来ない存在であった。

被告人質問での坂田弁護人と蓮見さんのやりとりも、検事論告のフィルターを通して眺め直す方が、ずっとその性格がはっきりしてくる。裁判長は、新聞社内部での懲罰規定をしつこく西山記者に聞く坂田弁護人の質問に、それは蓮見被告人の防禦にどんな関連があるのかと聞いた。あの情景の意味するものも改めて感じられてくる。蓮見さんはこの裁判を通じ、検察側の論理にすっぽりとはまりこんでしまっているのだ。

論告中の、外部からの働きかけを斥けたことに改悛の情を見るとは、ある意味で検察官のあからさまな挑戦ともいうべきものであった。私自身は一通の手紙を書いたに過ぎない。しかし、市川房枝氏や主婦の谷民子さんをはじめ、事件の発端から蓮見さんの問題を女性全体の問題として考え、支持し力になろうとしてきた数多い人々の働きかけに対して、蓮見さんは応じようとせず、逆に検察側証人にひとしい役割をえらんだ。そこに検察側は蓮見さんの改悛のあかしをみているのであろう。それでもなお懲役十ヵ月の求刑である。蓮見さん自身は、この裁判の進行上、自らの果している役割をどこまで自覚しているのだろうか。蓮見さんに手をさしのべ、今、検察官によって真正面から挑戦をいどまれた人々に、どんな感想をもっているのだろうか。

論告求刑の日にも蓮見さんは出廷しなかったが、聞くところでは、実刑求刑と聞いてひどく取乱し、錯乱状態になったという。彼女には法廷で果たした役割によって、もっと軽い求刑ですむという期待があったのだろうか。

十月二十二日、最終弁論第一日。この日も蓮見さんは不出廷、開廷直後坂田弁護人によって、蓮見武雄氏の上申書が裁判長のもとへ提出された。坂田弁護人はその内容について、

「有罪とみとめて、いかなる罪にも服する覚悟でありましたが、実刑を求刑されて蓮見被告は非常なるショックを受けております。どうか執行猶予をたまわりたいという内容で

ございます」

と述べた。これから最終的な弁論がなされるという日に、前もって有罪をみとめ執行猶予の「温情」を願う。「蓮見さんはたたかわずして屈するのだな」というほろ苦いさびしい気持の底から、誰に向けるのかはっきりしない怒りの感情がたちのぼってきた。

第九章　最終弁論

開廷冒頭、蓮見武雄氏の上申書が提出された昭和四十八年十月二十二日の朝、朝刊各紙は、四億八千万円(のちに約九億円にふえた)を詐取して逃走、指名手配されていた滋賀銀行の奥村彰子《あやこ》の逮捕を伝えていた。五年間に巨額の現金を持ち出し、妻子あるとは知らず九つ年下の男性にみつぎ、逃走中にダイヤの指輪もとりあげられて、大衆酒場の皿洗いをして生活していたというこのベテラン女子行員の年齢は四十二、蓮見さんとは同世代である。

信じられないような現金を持ち出しながらばれなかったのは、勤続二十五年、男性に劣らぬ事務能力と真面目な仕事ぶりのせいであったという。しかし、私生活はガラリと変り、この犯罪以前にも五、六人の男友だちと交際があり、逮捕されたときには、四十歳くらいの男性と同棲していたと新聞は報じている。

記者団の質問に係官を通じて答えた言葉のなかに、「逃走後、何度か自殺しようと思った」とある。二つの顔をもつ働く四十女——。若い愛人の心をつなぎとめようとズルズルと犯行を重ね、気がついたら巨額の金になっていた哀れで愚かな女心——。彼女自身の手許には、持ち出した現金はほとんど残っていなかったという。

夫によって執行猶予を願う上申書が出された元外務事務官のイメージに、このベテラン行員がダブルイメージとなって重なる。私は仕事をもつ同世代の女の一人として、やりきれない思いで最終弁論を聞いていた。

最終弁論は、十月二十二日と二十三日、二日間にわたっておこなわれ、はじめに西山記者側の大野・山川・西垣三弁護人によって、《知る権利》と《国家機密》をめぐる論陣がはられた。諸外国の法律、内外の判例を引用した法律論は、素人にはなかなかわかりにくい。しかし鮮明に記憶にのこったいくつかの主張がある。

最初に大野弁護人が立った。

——この裁判そのものについて、検察側証人の証言拒否、政府による証拠提出拒否など、裁判の基本原理に対する重大な挑戦がなされたこと。裁判所に対して被告人の刑事処罰を求めているのは、政府の機関である検察官であるのに、この訴訟の争点を鮮明にする証拠の提出を政府の特権によって拒否し、なおかつ被告人に有罪宣告を求めるのは、正義の観念に反する——という指摘。

世界的にも国内的にも、幾度か政府機密がプレスによってすっぱぬかれ報道されたが、秘密保護法規を有する国においてさえ、「未だその取材自体が処罰の対象とされた例を聞かない」という指摘。

《秘密電信文》によって、政府の対米密約の存在は明瞭な事実であり、国民を欺瞞するための《秘密》は「不正・不当秘密であって、刑事罰による保護の対象にならない」という主張。

国会や主権者たる国民をあざむいて、交渉当事者と特定政権の功績をとりつくろうためになされた裏取引約束は、特定政権のための秘密ではあっても、国民の利益のための秘密ではなく、国民主権の観点からも、国権の最高機関たる議会の条約審議権確保の観点からも、とうてい存在を許されるべきものではなく、違憲、違法な秘密というべく、刑罰をもって保護すべきものではとうていあり得ないという主張。

本件電信文の漏洩により、「見るべき具体的害悪もしくは損害」はなにももたらされず、検察官や外務省の騒ぎたてる秘密の正体なるものが、いかに空虚なものかを裏付けているという指摘。――

西山無罪をつめてゆく三弁護人の二日間にわたる弁論を、私自身の問題意識に重ねあわせながら、興味ぶかく聞いた。

十月二十三日、西山記者側弁護団のしんがりとして、主席弁護人の伊達秋雄氏が立った。伊達弁護人はまず、

――沖縄返還交渉における政府の方針が、国民に真相を知らせず、政府の実績を実際以上のものとして誇示する傾向にあり、突込んだ報道の必要があった状況を指摘。また特殊の関係をベースとして取材したという倫理性の問題を刑罰をもって処罰することは、倫理性と法的責任との混同をなすことになると指摘した。

そして、西山記者の本件行為は、その目的においても正当であり、その取材方法としても相当性に欠けるところはなく、その他諸般の事情に照し、憲法二十一条に保障された取材の自由の実現行為として、法秩序全体の見地からも正当な行為であり、刑罰の介入すべき余地はないとして無罪の判決を求めた。

弁論を終えるにあたって、伊達弁護人はわが国の秘密保護法制の問題にふれ、国家公務員法一〇九条一二号、および一一一条が占領下のきわめて不十分な審議による産物であって、憲法的視点を欠き、もし憲法二十一条に対して国公法一一一条の優位性が認められることになれば、報道の自由は仮死状態になること、プレスの死活問題ばかりでなく、国民の知る権利の死滅であり、国民主権の空洞化につながることを指摘した。

そして最後に、個々の法律を憲法上どのように意味づけるか、現在の社会にあって裁判

官に課せられた困難でデリケートな役割に言及しつつ、最後の支えは裁判官の良心であり、「強いて心境的にいうならば、裁判官は憲法に殉じ、法に殉じるしかないのであります」と結んだ。

低いが力のこもった声に、砂川裁判の裁判長として米軍の駐留違憲の伊達判決をくだしたひとの気魄と熱が感じられた。同時にこの言葉から、今この裁判がおかれている今日的な政治状況のきびしさが痛いほど感じられた。

西山記者側の最終弁論では、伊達氏の前に高木弁護人が「そそのかし」部分に関する弁論をおこなっている。検察側が「情を通じ」に論告の総力をあげた観があるのと対照的に、西山記者の弁護側は知る権利と国家機密の問題に力点をおき、個人的な関係の部分は極力おさえて通ろうとしたように見える。

しかし最終弁論が終って三ヵ月余もたってから、この高木弁護人の弁論に対して、蓮見夫妻の側からきわめて不正確な取り沙汰がなされることになる。十月二十二日には蓮見さんは出廷せず、二十三日も朝から東京地裁へは来ていたが、法廷へ姿を見せたのは伊達弁護人の弁論が終ってからである。したがって蓮見さん自身は高木弁論を直接には聞いていない。しかし、夫の蓮見氏は最終弁論の二日間とも、傍聴席最前列で、きわめて熱心に傍聴をつづけていた。組んだ薄い膝、感情を表現するようにゆれつづけていたその靴の先は今も私の目にある。

判決後に週刊誌に数多く発表された夫妻の手記もしくは談話によると、高木弁護人の発言を契機に、夫妻は離婚せざるをえない羽目に追いこまれたという。

「夫がいかにも私のヒモであるかのような表現を繰り返した。夫は激怒した。そして男のメンツにかけても離婚の決意をせざるを得なくなった」(『週刊新潮』1974年2月7日号「私の告白」蓮見喜久子)

「西山側の高木弁護人は法廷で、女房が『アバンチュールを求め』て西山と情を通じ、私は女房の『ヒモ的存在』と主張した。……この言葉だけは、なんとしても許せない」(『週刊ポスト』2月15日号。蓮見武雄氏の談話)

「さらに許せないのは、西山記者の毎日新聞側の弁論だ。

『蓮見の真の意思と感情は、秘密が露見しないことを確信し、アバンチュールを意識して……』

と、まるで妻が積極的に浮気したようなことをいい、私に対しても、女を食いものにするヒモだといわんばかりの弁論を展開していた。

あんなことをいわれたのでは、妻の立場もなければ、私の立つ瀬もない。

妻は離婚を口走り、私もまた、一度は男のメンツにかけて、離婚を考えざるを得なくなった」（『女性セブン』2月20日号「妻・蓮見喜久子との離婚を私は決心できない！　蓮見武雄」）

「昨年10月21日、22日にわたり行なわれた公判のとき、西山被告側の弁護人が〝蓮見被告がフラフラ遊んでいるのを夫は黙認していたのではないか〟と言った。そのとき、たまたま傍聴席で聞いていて〝私が女房のヒモだということではないか〟と、はらわたが煮えくりかえる思いがした。判決が終るまで女房の面倒を見るつもりでいたんだが、いやになってしまった。……」（『女性自身』3月2日号、蓮見武雄氏談）

法廷に話をもどす。十月二十三日、弁護人の中でもおそらく一番年長とみられる高木一弁護人は、つぎのような弁論をおこなっている。

「西山記者と蓮見事務官の個人的問題にふれることは、本件捜査開始以来、全公判過程を通じて、西山記者をはじめ、われわれ弁護人も極力これを避け、蓮見事務官庇護の立場をとってきたことは、裁判所においても了察せられたことと思う。（中略）

しかしながら、検察官はその論告において、西山記者は蓮見事務官との情交関係を利用し、それによって生じた同人の弱味につけこんで執拗強引に慫慂《しゅうよう》して、秘密文書の提供を受けていたと主張し、蓮見事務官の供述中、西山記者に不利益な個所のみを強調引用して証拠としている。

ここに至ると、西山記者に偏った責任を負わしめることになりかねないので、われわれ弁護人も、西山記者の意思はどうあろうと、同人のため、裁判所に真実の姿を見、正しい事実認定に基づいて、これに対する法の適用を求める必要を痛感するので、敢えてこの点にふれ論述することとする。……」

高木弁護人はすでに法廷証拠となっている蓮見供述をつかって、その弁論を展開していった。

——二人の関係は、対等の、いわゆる大人同士の関係で、相互の自由意思にもとづくものであった。五月十八日夜「わたくしも多少酒が入っていたせいもあって、西山さんの告白を聞いてかなり心が動かされたことは事実です」という蓮見供述は、その一端を示している。

西山記者の勾留取消、出所後は、蓮見さんの供述態度は一転、取材のための利用関係のみの強調が目立つ。「西山さんが秘密書類持ち出しを口に出した瞬間、わたくしは西山さんが書類の持ち出しをさせるために関係をつけたのだなということがぴんときました」と述べているが、蓮見事務官はそのことを自覚した後も、なおその関係を持続していた。

五月二十二日、第二回の逢瀬の場所の決定は、蓮見事務官自身がしている。自発性のない受身の人が、自ら逢瀬を選定するということはあり得ない。

第一回目の書類を持ち出した五月二十四日には重要書類をもってゆかず、なんでもない書類を持ち出してお茶をにごしたと言っているが、事実はその中に基地リストがあり、西山記者はそれを借りてゆきコピーして、これを新聞記事にしている。すすんで協力する意思があって当初から重要書類を持って行っているのであって、蓮見供述に十分の信をおけない。

西山記者は見せてもらうだけでよいと言ったのに、自分が重要だと判断した本件電信文などは、わざわざ官房総務課や文書課に行ってそこにあったコピー機を使って秘かにコピーしてこれを渡している。これまた自ら進んで協力していたことの証左というべきであろう。

西山記者はアメリカに滞在していて執拗な催促もなにもないのに、外務省内の友人に西山記者指定の宛名をタイプで打ってもらった上、二回に十通位の書類を送付している。

条約関係のものとのみいわれていたのに、気をきかせて西山記者の役に立とうと思い、条約局長の井川の名の書いてあった井川・スナイダー会談の電信文をリコピーして渡しているのは、協力する意思がはっきり出ている。

西山記者の第一回渡米からの帰国直後、八月七日に逢ったのが最後で、その後は逢ってもいないし、書類も渡していない、「その後はよくわからないが利用価値がなくなったので捨てられたものと思う」趣旨の供述をしているが、事実は、西山記者が第二回渡米から帰った後の九月十四日頃まで特殊の関係はつづき、書類の持ち出しもなされていた。

蓮見事務官は、西山記者との交渉を自ら断った後は書類の持ち出しもしていない。このことは、いつでも自由に西山記者との特殊関係を自ら断ち、書類の持ち出しもやめることのできる立場にあったことを示している。自由対等の立場において協力関係にあったもので、決して従属関係乃至支配関係にあったものでないことは明らかである。

蓮見事務官は西山記者に対する愛情からその後も書類を持ち出していたことは十分に窺知され、そのことはいみじくも西山記者が供述しているつぎの言葉の中に表現されている。

「彼女は案外素直に引き受けてくれました。彼女は『あなたのために良い子になりますよ』と言って簡単に引き受けてくれたものです」

蓮見事務官が西山記者の依頼を引き受けたのは、「私や外務省にあからさまな迷惑をかけるようなことは絶対にしないはずだと信じ」、また「西山さんの立場に同情し、情にほだされてしまったことも多少ありました」と供述していることからも、「当時の蓮見事務官の真の意思と感情は、秘密の露見しないことを確信し、秘かに西山記者に対する愛情から同人を助けていたものに外ならないといわねばならない」

ほぼ以上の例証を根拠に、高木弁護人はその弁論をつぎの言葉でしめくくった。

――男性と女性との差こそあれ、経済的にも年齢的にもまったく平等の立場にある、上述の如き自由対等の関係にある二人の場合、この事実関係を無視して、一般に男性のみが支配者であり、女性は弱きが故の犠牲者であるとするが如き評価をあてはめることはできない。——

この弁論を、私は蓮見武雄氏のすぐ隣りに坐って聞いていた。私の感想は、一言でいえば、男に惹かれ、恋した、ひたむきな女心のあわれさであった。「あなたのために良い子になりますよ」という言葉。男の本心を確かめたいと思う気持。頼まれた以上の書類を、それも相手の便宜を考えてコピーをつくってせっせと運び出した女心——。私はそこに、そそのかされ迫られたと言いつづけ、受身の哀れな犠牲者を演じてきた蓮見さんの、恋する女としての別の顔を見る思いがした。

十九やはたちの小娘ではない。有能な秘書事務を十年もつづけてきた分別と、四十代の女ざかりをむかえた生身《なまみ》のひとりの女。坂田弁護人の被告人質問がその一面をひきはがしてみせた、隙間風の吹くはだはだの大婦生活。ゆれて燃える女心がそこにあったとしても不思議ではない。なにも知らずにだまされて肉体関係をもち、書類の持ち出しをそそのかされたのだと主張する方がむしろ不自然なことであった。

しかしこの日の法廷で、夫の蓮見氏にはおのずから異質の感想があり得たことは、容易に想像される。妻の側の自主的な態度あるいは積極性を考えるのは、男としてはやりきれないことであったかも知れない。

いずれにせよ、高木弁護人の弁論のどこにも、蓮見氏を〝ヒモ〟扱いするような表現をみつけることはできない。もしあるというなら、それは高木弁論によって触発された蓮見武雄氏の心象風景ではないだろうか。最終弁論ののちにも、蓮見夫妻には離婚の意思はないと聞いていた。蓮見氏にとって喜久子夫人はなにがあったにしても「かけがえのない妻」であるからと――。それがなぜ、三ヵ月以上たって離婚話の決め手のように言われはじめたのか。夫妻が問題にする高木弁論の内容の不正確さとともに、ひとつの謎である。

十月二十三日の法廷の最後は、蓮見さん側の坂田弁護人の弁論がおこなわれる。法廷へ蓮見さんもようやく姿を見せた。

坂田弁護人はまず、逮捕勾留の当時から今日まで、蓮見被告人が公訴事実を争わず、ひたすら謹慎と反省の態度を変えず、この点は、訴追側の検察官さえその論告で認めていると指摘して、その弁論を開始した。

――その経歴からみて、蓮見被告人に特別な責任ある任務を負担させるのは過重であるのは明白であり、「責任を他に転嫁する心算はないが、(同僚の)山田事務官が積極的に事務を掌握せず、下僚である蓮見の監督が十分でなかったのは遺憾」である。文書取扱いに慎重であった蓮見にとって、この事件は「魔がさしたとしか言いようのない皮肉なことであった」

蓮見被告人が西山被告人に提供した機密文書は、政府攻撃の材料として利用され、国会の論議と相呼応し、各新聞紙による対政府攻撃キャンペーンが行われた。「このことによって沖縄返還に関する日米両政府の外交交渉問題がセンセーショナルな事件として仕立てられていった」

「被告人両名の特殊な関係は、それが発覚した前後の、毎日新聞社並びに西山被告人の不手際としか言いようのない措置によって必要以上にニュース価値を生んだ。いうなれば右関係発覚前のキャンペーンの反射的効果も伴って、右特殊関係の存在までキャンペーンした結果となった」

聞きながら、なるほどこういう受けとり方もあるのかというのが正直な感想であった。蓮見さんの事件に対する受けとめ方も、これに近いものであるのかも知れない。しかし、二人の特殊な関係をキャンペーンしたのは、検察側の起訴状ではなかったのか。

坂田弁護人の弁論はさらにつづいた。

——懲戒免官となり、起訴によって「心身ともに衝撃を受けていた同人は、右のような異常なニュース記事の対象にされてもはや完膚なきまでに打ちのめされてしまった。……小職の観察するところでは同人は右衝撃の結果心身共に昔日の蓮見でなくなっている。

……自分の犯した罪を悔んで毎日泣かぬ日とてなく、心ここにあらずという状態であった。……第二回公判期日で出頭義務免除となって以降は、同人はやや平静をとりもどしたが、週刊誌等に同人に関する記事が出る都度、心身とも不安定となったし、また出廷することについては、想像以上恐怖を示した。出廷の日が告げられると涙ばかりこぼしていた」

坂田弁護人はこのように述べ、この一年有半刑罰にまさる苦痛を受けて来て、すでに社会的には罰せられたも同然であり、改悛の情も顕著で前科も皆無なので、「右情状酌量のうえ執行猶予の恩典を賜るようお願いする次第である」と述べた。

「一年有半の刑罰にまさる苦痛」を弁護人が口にしたとき、無表情な光のない蓮見さんの眼に涙がもりあがり、たちまちしたたり落ちた。

つづいて坂田弁護人は、今後の訴訟のあり方に対する希望を述べた。

一、本件における取材源保護の経過をふりかえってみると、蓮見自首、西山逮捕、起訴となり、法廷で争われて今日に至ったこと、「それに伴う報道等の悉くが、取材源の保護を欠く効果をもったと考えられる」

二、西山被告人は私的関係は取材活動と無関係であると主張し、検察庁が牽強付会《けんきょうふかい》な起訴をしたと主張している。「しかし主張は即事実ではない。右私的関係と取材活動との関連関係に十分の疑がもたれたからこそ、検察庁が起訴したと考えねばならぬ」『知る権利』の次元での論争もつねに背後に存在する本件の恥部を人々に想起させずにはおかない。このこと自体が蓮見に苦痛を与える」

三、西山被告人が自らの容疑について責任のないことを証明することも許されるし、毎日新聞社としても事件について報道する権利義務を有する。しかし事はいったん取材源秘匿に失敗したあとのことであり、「自らが許された行為をなすためとは言え、他人に損害を与えることは一定の限度があるというべきである」「当弁護人としては、既に取材源たる蓮見被告人が今日に至るまで法廷の内外で蒙った損害と打撃は、総体として右の限度を超過していると考える」

四、今後控訴審で本件が審理されることがあれば、それ自体が蓮見被告人に苦痛を味わわせつづけることになる。蓮見被告人としては、特別の事態が生じない限り上訴はしない心算であり、今後控訴審で蓮見供述が求められることがあるとすれば、弁護人の保護なく証人として単独出廷することになり、当審におけるよりもいっそう不安と恐怖でさいなまれるであろう。今後の控訴審において蓮見被告人を証人として法廷に呼ぶことはご容赦願いたい。

以上の趣旨をのべて坂田氏の弁論は終った。

この日、結審を前にしての最終意見陳述で、西山記者はつぎのように語っている。

「本法廷では検察側証人により外交交渉経過秘密論なるものが〝鉄の法則〟として強調された。しかし、私の経験によれば、その法則にもとづいて現実は動いていないということである。……政府・官僚が真に秘匿しようとするものはなにか。それは他ならぬ国民から弾劾される秘密である。不当秘密こそが真の秘密であるといっても過言ではない。政府が刑罰をもって威嚇しようとするものは、この不当秘密の暴露なのである。……

プレスにとって取材の対象に聖域のないことはもちろん、取材の相手にも聖域はない。われわれはそれを法によって強制されていない。公的関心事項についての取材、報道という正当業務が違法とされるのは、取材相手に対する脅迫、暴行など刑法に触れるときだけである。検察側は被取材者の〝困惑と不安〟という心理的要因を違法性の根拠としているが、かりにその立場をとったとしても、本件において私が〝困惑と不安〟に乗じて取材したかどうか、証拠を検討してもらえば自らわかるはずである。検察官が一時的な政府利益の代弁者でなく、厳正な公権力の執行者であるとすれば、証拠をよく吟味して論告すべきである。結論をいえば、本件審理を通じて検察側は秘密、取材の両面にわたって、不当秘密の隠蔽と焦点のすり替えに終始したといえる。私は何が裁かれているのか、いまなお理解できないのである。

ニュース・ソースを秘匿できず、蓮見さんに迷惑をかけてしまった結果責任については、きわめて遺憾だったと痛感している。その責任を感じながら、法廷では私は徹底的に戦うという立場をとった。その矛盾にはしばしば悩んだが、結果責任については今後、法廷外の問題として態度を明らかにしたい」

最後の部分では声が重くなった。この西山陳述を聞いたあとで蓮見さんが立ち「裁判の開始以来ありのままに真実を申し上げてきましたので、なにもございません」と、言葉すくなく、しかし明瞭な声で述べた。

こうしてこの裁判は結審となり、判決をまつばかりとなった。

政治や経済になんの興味ももたない平凡な女という評価は、蓮見さん自身が検察官に述べたことだが、検察側も坂田弁護人も、終始、蓮見さんをそういう女としてあつかった。

坂田弁護人はさすがに、西山記者がしつように迫って情を通じたという検察側の主張にはふれなかった。しかし、法廷で漠然と感じた印象が、いま弁論要旨を読み返すしもっと鮮明に感じられてくる。それは、坂田弁護人の主張にふくまれている被害者の倨傲《きょごう》ともいうべきものである。坂田弁護人の弁論に一貫しているのは、秘匿され得なかったニュース・ソースを、絶対権をもつ被害者としてあつかうということであり、報道することも、法廷で西山記者自身が争うことも、控訴審に蓮見さんを証人として申請することも、すべてひかえてほしいと要求するにひとしい。

蓮見さんが被害者であり犠牲となった人であるのは事実である。しかし百パーセント絶対権をもつ被害者というものがあるのだろうか。

しかも、だまされ利用された無知の共犯者だから、裁かないでくれ、あるいは無罪にしてくれという主張は、一度も法廷にはもちだされなかった。検察側の言うまま有罪を認めながら、相被告人である西山記者に対してのみ制限と禁止のタガをはめようとする坂田弁護人の弁論に、私はある種の毒を感じる。蓮見さんはひとりの独立した人格なのだ。蓮見さんの側に、分つべき責任は皆無なのだろうか。坂田弁論の論理は、判決後に蓮見さん自身があえてする〝暴走〟と無縁であったとは思えない。

世間をおそれ、出廷をおそれ、泣いてばかりいたという坂田弁護人の観察に嘘はあるまい。現にこの法廷で、私自身一度ならず蓮見さんの眼に涙を見た。しかし最終弁論のこの日、坂田弁護人の声を聞きながら、私のなかに別な想念、疑問が生まれていた。

開廷の直後、坂田弁護人から、「蓮見被告人は出廷するべくタクシーで東京地裁まで来たところ、報道陣のカメラにつかまって、ようやく逃げだすことになり、泣いて坐りこんでしまい、動揺がはなはだしいので、出廷を遅らせていただきたい」という発言があった。そのためこの日の法廷の過半、被告席にいるのは西山記者一人で、いつもと同じくうなだれた蓮見さんが出廷したのは、夕方近くなってからである。

この日、昼食の休憩時間、一人で法曹会館横の食堂へおりた私は、すぐ左手のテーブルに坂田夫人と向いあっている蓮見さんを見た。泣いて坐りこんでしまい、動揺はなはだしいと、出廷不能の理由が述べられてから二時間足らずあとのことである。まだ正午前で、食堂はすいていた。注文をすませて、私はすぐ近くの蓮見さんを見るともなく見ていた。

斜めむかい側に坐っている蓮見さんは、笑いながら坂田夫人と話をしていた。私は蓮見さんの笑顔をこのときはじめて見たのである。そこには、法廷で見る暗く打ちのめされ、哀れにふけこんだ蓮見さんの面影はまったくうかがえなかった。その笑顔は生き生きして魅力的でさえあった。

「主人が、お前はバイキンをばらまいて歩いているんじゃないかって言うんですよ」

蓮見さんはそう言って笑った。坂田夫人も蓮見さんも、同じような咳をしている。蓮見さんの声には、夫婦生活のある一面を語るはずみさえあった。

そしてまた何時間かのち、別室で休んでいた蓮見さんは顔を伏せて出廷し、坂田弁護人の弁論を聞きながら溢れる涙を見せたのである。この別人のような蓮見さんをどう受けとめればいいのか。私自身のなかで判断というか感情というか、なにかが二つに引き裂かれる感じであった。

判決は、年が明けての一月三十一日におこなわれると、結審の際に裁判長から言い渡されたが、夏以来の法廷の印象は、ここへ来てまたまとめようがなくなった。いや、結論らしきものをつかんでいたが、それを断定的に言う自信を失なったというべきかも知れない。もう一度この問題を出発点から考えなおしたくて、私は沖縄へはじめての旅をした。沖縄へ行ってそこでなにを得ようと期待しているのか、聞かれても答えようのない、心もとない旅であった。

そして昭和四十九(一九七四)年一月三十一日、小雪の舞う街に判決の朝が来た。

第十章　ひとつの幕切れ

判決にあたって、法理論や法解釈にうとい私が、裁判所の判断いかにと注目していた大きな柱がいくつかある。箇条書きに書き並べると、

一、電信文の解釈において、肩代り密約があったとするかなしとするか。

二、もし密約ありとするなら、二人の行為に国家公務員法を適用すべき〈国家機密〉といえるかどうか。

三、国家公務員法の一〇〇条、一〇九条、一一二条などの秘密漏示とそのそそのかしに対する罰則は、元来、官庁の入札金額や、新幹線計画のルートなど、特定の個人や組織の利益のため、あるいはスパイ行為によって秘密が洩らされるのを防ぐたてまえのものである。取材記者への適用は前例がない。憲法二十一条の言論の自由との関係で、どんな判断を示すのか。

四、国家公務員を退職後も拘束する「職務上知り得た秘密」の範囲とはなにか。

五、検察側の主張した「情を通じ」云々による「そそのかしの罪」にどんな判断を示すか。

結論的には、西山記者が無罪、蓮見さんは懲役六ヵ月執行猶予一年の判決となったが、判決文は、私のいだいていた素朴な疑問に直接的な回答をくだしてはくれなかった。

まず「秘密」の解釈について、

「秘密指定(これは単に『職務上の命令』という性格を有するにとどまる)を保護するものではなく、秘密それ自体を保護するものであり、ここにいわゆる『秘密』とは『一年以下の懲役又は三万円以下の罰金』という刑罰をもって保護するに足」る価値ないしは必要性をもったものとしている。つまり「実質秘」の立場だが、行政府側にその実質をにぎられている以上、形式秘と実質秘のわけ方は微妙である。

つぎに密約の有無について。

——検察側の吉野・井川両証人の供述は、三通の電信文の記載内容自体と対照すると合理性を欠く部分が随所に存在すること、つまり、電信文を両証人の供述通りに解釈するのは「相当不自然であるといわざるを得ない」。

両名の供述が相矛盾するなど、その供述はただちに措信できず、その真実性を裏づける証拠のない本件では、請求権財源の日本側肩代りはないと断定するには、「合理的疑惑をぬぐえない」。つまり肩代り密約があったと考える方がより合理的であるという判断である。

ああやっと問題は出発点へ戻るというのが、私の素朴な実感であった。しかし裁判長はつづけて、この請求権問題は、国会の審議や国民的討論によって判定されるべき政治問題なのであり、この解決方法を定めた合意や折衝をただちに違法というべきでないと、裁判所としての立場を留保した。

しかもこの、沖縄返還をめぐる外交交渉の経過そのものは、国公法によって保護さるべき秘密であったとする。ここから蓮見さん有罪の線が出てくるのだが、裁判長は、被告人蓮見側から特に主張はないが一言しておくと、取材協力行為の正当性――取材行為の半面を構成して報道の自由に貢献し、その限度において保障を受け得る行為の正当性を認める意味の言葉を述べた。

蓮見被告人の場合については、西山被告人との肉体関係による有夫の女性としての危惧、西山被告人への同情心、好意の結果であって、報道機関の公共的使命に奉仕して公益をはかるという積極的意図はなく、むしろ報道がなされないことをひそかに念じていたことがうかがえると指摘している。

報道の自由のために協力するという積極的な動機を蓮見さんが主張すれば、あるいは蓮見さんは無罪となり得たかもしれないということであり、この裁判により、国家公務員による取材協力行為、秘密の暴露を圧殺する判例は生れなかったということであろう。

さらに蓮見さん有罪の理由の一半がのべられている。すなわち、電信文持ち出しの態様が、いずれもリコピーによる漏示で、文書自体の持ち出しとほとんど差がなく、西山被告人にその持ち帰りさえ許しており、

「秘密保護義務を負う国家公務員の取材協力行為としては著しく軽率且つ不用意であったといわざるを得ない」「してみると被告人蓮見の右漏示行為の動機、目的と方法とを考えると、たとえ本件三通の電信文の持っている秘密保護の必要性(これがあまり高度であったといえないことは前述した通りである)が、取材の利益に対する保護の必要性よりも優越してないとしても、被告人蓮見の行為は正当行為でないというべきである」

すなわち被告人蓮見有罪の判決である。

「ひそかに情を通じ」云々の検察側主張に関しては、

「被告人西山の右各慫慂行為が被告人蓮見との肉体関係を利用したものであるにしても、被告人蓮見の好意や同情心に甘えていたにすぎないと考えるのが相当である」

と言う。

判決文はまた、憲法二十一条によって保障される言論の自由はもちろん認め、報道・取

材活動の自由も、したがって十分尊重されなければならないといっている。しかし私が考えていたような憲法と国家公務員法との比較衡量はおこなわれなかった。

西山記者の行為は、報道記者としての自覚を忘れ、尽すべき努力を怠り、「誠に姑息な反倫理的な取材活動というべく、報道記者の取材の正道を逸脱し、報道記者の品位や社会的信用をも失墜させるものであるとの非難を免れない」と指摘した上で、手段方法に相当性欠如の点はあるが、諸般の事情と目的の正当性を考えれば、その慫慂行為は正当行為性を具備している。つまり「被告人西山無罪」という判決である。

西山記者の判決について、実質有罪形式無罪だという論評があったが、明快に取材・報道の自由の勝利というには、反語的表現が多く、紆余曲折している判決であった。判決後のいいようのないあとあじの悪さは、おそらくこのことにかかわっている。判決文とはいつもこういうメビウスの帯めいた論理をもっているものなのだろうか。

しかし、西山記者の無罪は、文字通り愁眉をひらく思いを味わわせてくれた。私の判決予想はきわめて悲観的であったから　その思いはひとしお深かった。

閉廷が言いわたされ、人々が動きはじめても、蓮見さんは立ち上がろうとせず、ベンチの上に体をこごめていた。寒気のきつい風のなかへ出てからも、私は理由のつきとめられない重苦しいやりきれなさをもてあましていた。それはだんだんふくれあがってくるようであった。

昭和四十八年の十二月、沖縄へ旅をし、私は法廷の蓮見さんについて、五十枚ほどの原稿を『婦人公論』に書き、それは判決の一週間後に発売されることになっていた。結審から判決までの間のまとめにくい時期に書き、判決の一週間後に店頭に出る原稿の最後を、私はつぎの文章でしめくくっていた。

「沖縄への旅から帰ってきて、また資料を読み取材をつづけながら、私は気持のなかである思いが次第に固く重くしこってゆくのを感じていた。それは一言でいえば、蓮見さんに対して辛《から》くきびしくなった感情である。

蓮見さんは法廷で、

『この裁判が早く終って世間の人が私を忘れて下さって、一日も早く平凡な生活をしたいと思います』

と現在の心境を語っている。しかし裁判の経過をみれば、蓮見さんが単純におかした罪をみとめて公訴の事実を争わず、そして世間の人々から忘れられて平凡な生活へ戻ろうとしているとは考えにくい。有罪を認め(情状酌量による執行猶予を前提としているようだが)、ひたすら悔悟する姿勢は、同時に西山氏を有罪とし主犯とする方向をともなって維持されてきている。あるいは蓮見さんの西山氏に対する怨みと憎しみがそうさせているのかもしれないが、蓮見さんが西山氏有罪へのくさびをうちこむような陳述をするとき、西山有罪といっしょに、知る権利や沖縄密約の争点が確実にぼやかされてゆく。これで蓮見さんに犠牲者面をされ、平凡な平和な妻の座に戻られては、同性としてたまらない気がする——。西山氏の全行動を是とするわけでもないし、今日の局面については蓮見さんはあくまで従の立場にあり、犠牲者であることを認めながら、結果として蓮見さんが果しつつある役割を肯定することはできない。

おんなは被害者意識によって盲い、陰湿な逃げの姿勢に沈潜しているかぎり、おのれ一人の人生のいわば囚人となる。私自身の中にもある世間に対するおそれやためらいをふくめて、閉塞された経験から開かれた経験へと己れをかりたてる辛い作業が要求されているのではないだろうか。

蓮見さんが現在の姿勢を保ちつづけている限り、蓮見さんは過去の記憶によってさいなまれ報復される人生をみずからえらび、しかも自分以外の人々をまきこみ歴史における負《ふ》の役割を演じることになる——。その蓮見さんを、痛ましさを感じながら私たち自身が裁かなければならなくなるのではないか。

第一審判決は一月三十一日、蓮見さんに関しては、判決をまつまでもなく、裁判は終ったようなものである。しかし、だまって有罪を認めたわけではない蓮見証言によって、西山氏が、そして西山氏の一身に集約された形の問題の本質がどのような影響を受けるかは予測しがたい。この日は、『自主性もない弱いおんな』というかくれ蓑を最大限に利用してきた蓮見さんの姿勢が審判される日でもある」

裁くとか審判されるという言い方が、書いた私自身にもはね返ってくることは私も知っていた。しかし、夏以来の法廷のやりとりの節々に、視点をぼやかされたりずらされたりしながら、事件のなりたちを必死になって追いかけてきて、私はこう書かずにはいられなかった。

そして判決の言い渡しが終って、冬空の下へ歩き出したときの心の重さ。

まず眼のなかに、やつれて立つことも出来ないという風情の蓮見さんの後ろ姿が残っていた。本人も認めた有罪であったし、執行猶予でもありはしたが、この事件でその人生を根もとから揺さぶられた一人の女性の姿は、やはり胸に痛いものがある。

一方、無罪となった西山記者の表情も、私にはすこしも明るいとは感じられなかった。西山記者もまた、深いところで傷ついているに違いないと思わせる翳りが感じられた。

有罪と無罪、明と暗。しかし、そこにあるのは勝利と敗北ではなくて、二人ながらに傷つき痛めつけられた男と女であった。この裁判で利害相反する相被告人の役割を演じてきたこの二人から、事件のそもそもの発端までさかのぼることの困難さ。密約の存在は裁判所すらほぼ認めたというのに、密約を結び、ついに否認しつづけた政治家たち、佐藤栄作氏を筆頭とする責任者たちの責任は問われない。問うことはほとんど不可能に見える。そして、事件の本質のすりかえにおいての、いわば被害者である一組の男女は、有罪と無罪の明暗のなかで背中を向けあっている。

やりきれなさをもてあまして歩きながら、筋道だった理由は自分でもみつからなかった。ただなにかいやな、暗い予感はした。それを私は、哀れなひとを「裁く」などと言った私自身への、目に見えない審判なのだろうかとも考えた。とぼとぼとした感じの帰り道、私は蓮見さんの「告白手記」がのっている週刊誌を買った。判決直前に一冊、この日一冊、蓮見夫妻はこれで二度週刊誌に登場した。あれほど世間の視線をおそれ、忌避してきた人が、どういう心境の変化なのか。

そういえば判決の日、蓮見武雄氏の姿はなかった。いつも傍聴席の最前列に隣り合わせたが、開廷まで東京地裁前に行列したり、休廷になって廊下のベンチに坐っているとき、かならず本を読んでいる人だった。ある朝、蓮見氏が先頭で私はつぎにならんで傍聴券が配られるのを待っていた。報道陣のカメラが、その傍聴人の列をなめはじめると、蓮見氏はさっと背を向けた。この日、並んでいるとき蓮見氏が読んでいたのは、岩波新書の『日本列島』だった。一瞬のうちに背中を向けた氏の反射神経に、私は蓮見夫妻のマスコミに対する不信、あるいは憎悪を見たように思った。事件発覚当時の一部の週刊誌の報道を考えれば、それも無理からぬことである。

蓮見夫人は若づくりで化粧もこく、いつも夜おそく車で帰宅するという「近所の噂」、釈放されたときの蓮見さんのスカートが短かすぎるという論評。興味本位にサカナにした週刊誌と、西山記者によってひどい目にあわされたという感覚とがあいまって、マスコミ不信を植えつけられたのはもっともなことと私は感じ、話しかける気になれば何度も機会はあったが、「蓮見さんのご主人ですね？」という言葉、それにつづく会話のいっさいを、〝喉から手が出る〟思いをおさえ、自分に禁じてきた。蓮見武雄氏と知って気づかぬ風をよそおい、そっとしてふれずにいることが、蓮見氏に対して私に出来る唯一つのことと思えたからである。同じことは蓮見さんに関しても言える。食堂で声をかけることも出来たし、坂田法律事務所へのゆきかえりを要することも、その気になりさえすればなんでもないことだった。しかし、会いたいという意思表示をして、その返事を待ちながら、非常手段に出て蓮見さんの気持をゆさぶり萎縮させることは決して許されないと思ってきた。

判決が終り、知る権利の勝利万歳とは言えないほろ苦さのなかで、蓮見さんはこれからどうするのかという思いが戻ってきた。蓮見さん側に控訴の意思のないことは、最終弁論のときの上申書や坂田弁論ではっきりしている。西山記者無罪についても、検事控訴はないだろうというのが大方の予想で、この裁判の〝なれあい〟説を言ったジャーナリストもある。

一月三十一日午前、判決を聞いた田中首相は、

「まあまあだな。(蓮見さんには)公務員法が適用されているし、他方(西山記者)は取材活動だからね。常識的な判決で、予想していた通りだった」

と語ったと新聞は報じた。

同日夕刻、法眼外務事務次官は、判決文中の「請求権の財源を日本側が実質的に負担するという合意が、交渉の過程で成立したのではないかという合理的疑惑が存在し」との部分についての記者団の質問に、

「密約については国会の論議で政府側から明確にされているとおりで、密約は存在しない。裁判官がどういう意味でいったのかわからない。われわれは密約がないことを明確にいっている」

と述べて、密約の存在をまたも否定した(『毎日新聞』二月一日朝刊)。

一月三十一日の閉廷後、弁護人同席のもとで記者会見した西山記者は、

「対米請求の肩代わりを裁判所が認めたことは最大の焦点として取り上げてきただけに裁判をしただけの価値はあったと思う」

と述べ、「そそのかし」については、「簡単には……」と口ごもって、

「基本的にはわれわれが主張してきた取材の正当性を認めたわけで、画期的かつ重要な判決だと思う。……取材の手段のことで判決には異論がある。しかしそれを超えた取材の正当行為論については、それなりに敬意を表したい。……実質秘の認定などいぜんとして裁判所は行政寄りの姿勢をとっており、このような論理が横行するのは危険だ。……主権者である国民が外交問題についても積極的な関心を持たなければいけない。そのデータを私が提供したのではなかったか」

と言いきったと新聞は伝えていた。そして今後の身の処し方について「『法廷での判決とは別個に、明確に処理する。お察し願いたい』と述べ、深々と一礼した」と書かれている(『朝日新聞』一月三十一日夕刊)。

判決の二日後、二月二日、毎日新聞社は、西山太吉記者が判決後退社願を提出。同社は二日これを受理、三十一日付で依願退職となったと発表した。辞表受理の理由は、「西山記者から、新聞記者の鉄則であるニュース源の秘匿ができず、蓮見元外務事務官に大変なご迷惑をかけたことに対し、法廷外の責任をとりたい、と強い希望が出されたので、これを認めた」とある。

昭和四十七年四月十五日の起訴以来休職になっていた西山記者は、一審判決の日から職

場を失って「元記者」となった。『朝日新聞』三日付朝刊によると、この退社は検察側の控訴問題にも影響が予想されるが、毎日側としては「控訴審に持ち込まれることになった場合は、社とは身分的につながりが切れていても従来通りの姿勢で支援する」と表明しているとある。

西山氏が退職によって一身上の責任をとったことで、西山無罪蓮見有罪の判決はこれでバランスがとれると見る向きもあり、いよいよ検事控訴はないとの予測もつよまり、一件落着の気配のひろがる中で、蓮見さん側から提供された資料による週刊誌の記事だけは、あいかわらずの盛況だった。

しかし、上訴期限である二週間が半ば以上も過ぎた二月九日、東京地検は西山無罪を不服として、東京高裁に控訴した。

その理由とされているのは、①国公法の「秘密」の解釈へ不当に厳格なしぼりを加えたこと、三通の電信文の秘密保護の必要性の評価が低い。②西山記者の行為を正当行為としているが、目的の正当性を強調し、そそのかし行為を不当に軽く評価している。③憲法二一条(表現の自由)を拡大解釈し、取材の自由を報道の自由と同視し、国家機密よりも優越性を与えている、などの三点が中心になっているといわれる。

一件落着どころではない。東京高裁でもし西山氏が有罪となれば、西山氏自身(そして毎日新聞社も）さらに上告をするであろう。東京高裁が一審判決を支持し、西山氏の無罪を認めた場合、検察側は上告を断念するだろうか。そして最高裁の十五人の判事は、佐藤前総理の任命による者十人、田中首相の任命による者五人、そのなかにはタカ派で知られる外交官出身の下田武三氏もふくまれている。蓮見さんは下田氏付であったこともある。現在の最高裁が、西山氏の無罪を支持する構成であると、私には思えない。

そして争点は、国家機密と報道の自由と、またしても「そそのかし」の男女関係になる。蓮見喜久子さんにとって、あるいは蓮見夫妻にとって、西山氏は、その生活の平穏を破壊した憎むべき相手であるかも知れない。しかし、私自身法廷の傍聴で感じとり、判決もあきらかにしているように、二人の行為は西山氏の一方的意思によるものではなかった。蓮見さんの側に、揺れ動いた女心があり、それが彼女をして、いわば自主的に積極的に役所の秘密書類を持ち出させた。したがって、この行為の責任は五分五分《フイフテイ・フイフテイ》である。

ニュース・ソースの秘密を守れなかった西山氏の側には、新聞記者としての道義的負い目があって、この責任分担の比重は、圧倒的に西山氏に重くかかるとしても、蓮見さんの側が零《ゼロ》になるということではない。

そして、西山氏の裁かれるのが、報道の自由と国家機密、とりわけ、特定政権が自らの名誉や利益のために国民を欺いた「秘密」との関連であり、判決の成行きによっては、この国の民主主義のあり方の根本にかかわるものであることを考えれば、西山氏一身に、実に多くのものが集約されている裁判となってゆく。

西山氏は敏腕な政治記者としての職業意識と、中年の浮気心からこの問題に足を突込むことになったのであろう。事件が表面化してからは、知る権利の使徒としての使命感を言わざるを得ない立場となり、あの局面では、それはまた当然でもあったけれど、昭和四十六年五月当時、西山氏にそれほど明確な使命感や目的意識があったとは思えない。西山氏もまた、思いがけない運命の渦中へひきずりこまれた側面をもっている。

しかし、男である西山氏が、半面は国家権力の挑戦によって不当に裁かれながら、取材者として蓮見さんを守り得ず責任を果し得なかった立場で、釈明をせず、苦い沈黙を守っているのであれば、そして一審無罪となっても、上訴審の先行きは予断を許さぬ状況にあっては、蓮見さんの側にも、この事件に関して何分の一かの責任分担があって当然ではなかっただろうか。

たしかに懲役六ヵ月、執行猶予一年の刑は受けた。それも法廷で争えば、あるいは無罪もしくはより軽い罪で終ったかも知れない部分を、蓮見さん側はいっさい争わず、はじめから有罪を認め通した。しかも黙って有罪を認めるのではなく、その供述や法廷陳述の多くは、西山氏を有罪とする方向性をもち、まるで検察側証人の観さえあった。法廷で出された有罪の結論は、蓮見さん側がえらびとった形のものであり、この部分に関しては西山氏には負うべき責任はない。

この法廷で西山氏は蓮見さんを不利な立場に追いつめて、蓮見さんの有罪とひきかえに自らの無罪をかちとったのではなかった。蓮見さんとの関連部分では、不利な状況のなかでもあえて論駁することを避け通し、そのかぎりではフェア・プレイをたたかっての無罪である。

しかし、世間は法廷のこまかな推移は知らない。そそのかした男が無罪で、そそのかされて哀れな恥をさらした女が有罪――。なんとひどい男かという反応の方がつよく感じられた。顔をあげた西山氏の写真に比べて、消えも入りたげにうなだれた蓮見さんの姿は、いっそう対照的であった。

判決の翌二月一日、『朝日』の天声人語の「他の者はすべて免れ、ただ一人うなだれて有罪の判決を聞く女があわれである」という結びの文章は、大方の心情と共通している。

哀れな被害者、自主性のない受身の女という姿をやりきれなく思い、そこからぬけださないかぎり女に幸福をねがう資格はないと考え、蓮見さんの演じた客観的な役割をきびしく審判しなければならないと自分に言いきかせてきた私にとっても、現に目の前で有罪の判決を与えられ、打ちのめされた心を全身で表現している同性をみるのは、やりきれなく辛い思いだった。

いまごろ、佐藤栄作氏はのうのうと大欠伸でもしているのだろうな、というチラリとかすめる思いも、沈む気持をかきたててはくれなかった。

判決の夜、「知る権利を守る国民集会」のひらかれることを聞いて出席した。昭和四十七年四月十三日、二人が起訴される直前に、共立講堂でひらかれた「国民の知る権利を守る大集会」に比べて、この夜はまさに、寥々《りょうりょう》たるという表現がぴったりの、寂しい集会であった。《知る権利》という言葉は、私たちの歴史にはほとんど定着していない。手ごたえもなければ実感も乏しい。民主主義をうたうようになって三十年近いけれど、その実体はいかに寒々しいかを思わせる。それに反して、《情を通じ》という言葉の生ま生ましい実感と手ごたえ——。この夜はまだ、西山氏の退社のことも不明であり、検察側の控訴も不明であったが、国家機密、知る権利(もしくは国民に知らせる義務あるいは報道・言論の自由)、そして情を通じの三頭立てのテーマのなかで、男と女のみそかごとのもつ圧倒的な力を思わずにはいられなかった。

そして、西山氏の退職・検察側控訴で、事態は新しい局面をむかえることになって、前途多難という言葉がいっそう重く、ひどく現実的に感じられてきた。それにしても、私はいったいなににかかわってしまったのだろうか。蓮見さんへの関心から出発しながら、蓮見さんの役割と生き方にきびしい批判が必要であると考え、西山氏が新聞に電信文を発表せず、報道者としての義務に不徹底であったことに不満をもちながら、西山氏非難にも与し得ない。

私は自分のなかで、密約を結び、しかも国会と国民を欺き通し、すりかえのために一組の男女をあばいた政治の責任へ問題をさし戻そうとしつこく努力してきた。しかし、現実を見れば、それはなんと遠くかすんでしまったのだろうか。

女を欺いて秘密文書をぬすませ、しかもニュース・ソース秘匿に失敗してその全生活を脅やかし、自らは無罪になった背徳漢、悪徳漢――、知る権利に奉仕するなどと気のきいた口などきくな――。そういう非難や罵倒が《情を通じ》問題から発しているとき、沖縄密約の責任追及へと問題をたぐりなおすことの絶望的なむずかしさ――。

みごとなすりかえであった。私はおのれの無力さと、このすりかえ劇の圧倒的な仕上りに、打ちひしがれる思いだった。

第十一章　告白 1

いま、机の上に、かさ高く週刊誌がのっている。対談、手記、インタビュー、形式はさまざまだが、蓮見夫妻が記事作製にかかわりをもったと思われるものがのっている週刊誌を、発行の日付順に重ねてある。全体の内容はある部分で重なり、ある部分で矛盾しながら、明確なひとつの方向性、意図をもっているようにみえる。

《ジャンボ企画　マスコミ初登場　真相告白第1弾　蓮見喜久子さん夫婦が語り合った5時間＝なぜ私は、西山記者と情を通じたのか！「好きなタイプの男性ではなかった。だが、あのとき……」と嗚咽《おえつ》にむせび――》（『女性自身』1974年2月9・16日号）

左手に石の入った指輪をして、その手をくちもと近くへあげた蓮見さんの横顔。同席した夫妻。「対談で、笑顔を見せた」とネームのある晴れやかで可愛くもある笑顔。夫の腕に手を組んで去ってゆく後ろ姿の写真。

これは、判決を四日後にひかえた一月二十八日に発売された。取材者に夫と妻とがこもごも答えた形になっている。蓮見さんは、いかに西山氏に誘いこまれ、旅館へ連れこまれたか、「そのとき大変(体の)具合が悪かった」ことを語っている。西山氏との交際が深まりつつあった時期、蓮見夫妻の間には離婚話がほとんどきまり、夫人はアパートを探していたことは、夫の蓮見氏から語られている。取材者の質問――。

〈視角を少し変えます。西山記者は奥さんの好きなタイプですか?〉

妻（ためらわず）「いいえ」

夫「あんなの好きではない。あんな強引で粗野な男は好きではないんだ。僕はいっしょに暮らしていていちばんよく知っている。女房はやさしくて秀才タイプで、坊っちゃんタイプが好きなんだ」

妻「読売のTさん、朝日のKさんとか、それこそムダ口をきいたほうです。西山さんは怖いと思っていましたから、ムダ口すらきいたことありませんでした」

〈奥さんは西山記者との交際を単なるアバンチュールと考えていましたか?〉

妻「まあ……わたくし、家庭を壊す気もありませんでしたし、むこうも……」

〈会っているときの二人の会話は?〉

妻「それが(苦笑しながら)会話らしい会話はありませんでした。ふつうのこうしたときは、コーヒー屋にいくとか、映画を見るとかあるんでしょうが、そんなこともいっさいありませんでした。2回目に書類のことを言われて、その後2回から3回は〝会いたかった〟〝好きだ〟と言ってましたが、だんだんなくなり……最後はまったく何も言わなくなって……」

夫「女房が可哀そうなんですよ、そんな女の弱みを利用されたんだから、思慮がないと言われればそれまでだが、男は女のそう言ったところを補ってやらなくてはならない」

（一息つき、ついで体を震わせ）

夫「それにうちの家庭が壊れることも考えずに、西山は単なる浮気だなんて世間に広言しているが断じて許せないですよ。この野郎なにを言うか（まるで目前にいるのが西山記者本人であるかのごとく身をのり出し）、警視庁から出て来て〝なんら恥じるところはない〟なんて……個人の尊厳というものがあるんだ」

妻「西山は、当時、記者生命が断たれるから助けてくれと哀願までして、参考にするだけだと言ってました。それをなぜ、何がほしくて、何を望んで、それ以上のことをしたのか（机をたたく）。そのとき、なぜ私に相談してくれなかったのか」

そして（以下次号）となっている。判決の直前を計算してのこの企画に、蓮見夫妻はなにを考えて応じたのだろうか。西山氏は「単なる浮気」であると世間に「広言」はしなかった。調書において述べ、それが法廷で引用されたのである。いま蓮見夫妻がやっていることこそ、世間に広言する行為なのだが——。この対談を読んだとき、涯しらぬ泥仕合いがはじまるというういやな予感がした。

《手記　外務省機密文書漏洩事件　判決と離婚を期して　私の告白　蓮見喜久子》(『週刊新潮』2月7日号)

この週刊誌は、判決の午後に読んだ。手記とはなっていても、文章は蓮見さんのものとは思えない。しかし、蓮見さんしか知らないことが何箇所かでてくる。したがって蓮見さんはこんな文章は知らないとは言えまい。

蓮見さんは自身の外務省内での「異例の人事」について書いている。

〈事件が起ってから、この初代審議官と私との間にロマンスがあったなどと世間で騒がれたらしいけれども、それは違う。そういうウワサは、外務省内にもすでに流れていた。しかし、私は初代審議官に尊敬と好意の念を抱いていたに過ぎないし、彼もまた私を娘のようにお世話下さっただけである。……次官をおやめになってふたたびヨーロッパの大使に赴任されてからも、一週間に二通ぐらいお手紙が来た。周囲は「さては恋文か」などかんぐっていたようだが、その内容のほとんどは彼の個人的な仕事の依頼だった。ただ、赴任後最初に送られて来たお手紙の一節に、

「貴女が私にして下さったすべての仕事は、まるで宝石のようだった」

と書かれてあったのをいまも忘れない。〉

蓮見さんは外務省へつとめはじめたとき、すでに蓮見武雄夫人であった。未婚のOLだったわけではない。『女性自身』の「読売のTさん、朝日のKさん」と言い、後述するT氏のことといい、なぜ口にする必要もなさそうな異性たちを、いわくありげに引き合いに出すのだろうか。

あの五月十八日に、ひどく具合が悪かったと間接に語られた部分は、ここでは生理であったとはっきり述べられている。

たとえ警察や検察庁で被疑者として訊問され調書をとられる場合でも、その日生理であったことや、日頃生理は不順で、期間も一定しないこと、夫婦の間に年に数えるほどしか性関係がないこと、西山氏といっしょの密室で着衣のまま関係したのか着がえたのかなど、いっさい言う必要はない。しかしいったん崩れてからの蓮見さんは、まったく防禦の感覚を欠き、プライバシーの感覚も欠落してしまったようにみえる。

手記は、生理だからとことわるのを、西山氏がさらに強引にさそい、そして「すべては終った」と書いている。

しかし、女の側にもし拒絶の意思があったら、生理中であることはことわりのもっとも有効な理由になるのではないだろうか。蓮見さんは、生理中の女を抱いた西山氏の意図、抱かざるを得ない男の追いつめられた下心を言いたいのかも知れないが、私は、生理中の女の拒絶反応の方を重く見る。

こうして関係ができてから、翌日の西山氏の誘いの電話に、会う場所を蓮見さんの方から指定したのは、〈電話を早く切ってしまいたかったことと、「お食事程度ならもう一度ぐらいい」と軽く考えたのである〉という。そして約束の土曜の午後、二度目に会った日、走り出したタクシーの中で〈「今日は中華街でお食事でもするのかな」なんて、ほんのちょっぴり胸をときめかしたりした〉と書かれている。

問わず語りというが、蓮見さんは語るに落ちている。一方的に利用され関係をつけられたという主張がこうしておのずから破綻している手記のなかで、蓮見さんは次のように書いている。警視庁で、肉体関係を否認していた彼女に、刑事の一人が、

「蓮見さん、こういうところに来て、人をかばったって仕方がないよ。あんたのほうが人を信じていても、相手はあんたのことなんか考えていないかも知れない。人間はみんな自分の身がかわいいからね。あんたも自分のことだけ考えればいいんだよ。自分の身だけを大事にすればいいんだよ」

そうおだやかにさとした。蓮見さんはこの言葉に「翻意」し、肉体関係をみとめること

になる。あとは歯止めがなかった。

〈私がワァッと泣いて「刑事さん、ウソをついてごめんなさい」といった時の気持が、西山記者と毎日新聞にわかっていただけるだろうか。〉

と書かれているが、この手記の他の部分には多くの誇張や歪曲が目につくなかで、この部分はその情景さえ日に見えるようである。三日間頑張って、四日目に泣いて自供をひるがえした蓮見さんの状態がよくうかがえる。手馴れた取調官たちによって、無防備の蓮見さんがどう扱われたかも推測できる。こういう局面に蓮見さんを追いやった西山記者の〝失策〟は救いがたい。

この手記には、前年暮、毎日新聞と示談が成立したことが述べられているが、〈よもや毎日新聞は、あのお金でもって、夫と私の口を封じようとは考えていないだろう。もし毎日新聞にそんな気持があったら、こんな身勝手な話はない。私もそれほど毎日新聞が卑劣だとは思いたくないし、だいいち、私たち夫婦にも「表現の権利」だってある〉と書かれている。

しかし、示談というのはほどほどのところでの両者の合意であり、合意してきまった金額（一千万円という）を受けとったら、示談書、示談金とひきかえに、その件に関しては争う資格、権利をいわば自ら捨てるのである。社会生活上の初歩的なルールを、蓮見さんは知らないで示談書に判をおしたのだろうか。

すでに引用したが、この手記は毎日側の弁論をきっかけに夫妻が離婚せざるを得ない情況に立ち至ったことを述べ、〈西山記者と毎日新聞は私の最後のトリデである家庭までも破壊してしまった。私は私の半生を孤独に生きるべく運命づけられた。しかし、これも私の人間としての弱さから出たことだと思って、あきらめざるを得ないのであろうか〉

と結ばれている。

週刊誌の記事はどれも、真相告白を「独占」的に掲載している。

《外務省機密漏えい事件二つの秘話　夫・蓮見武雄氏が告白する「事件前後」の妻》(『週刊朝日』2月15日号)

《緊急徹底取材＝外務省機密漏えい事件　「西山記者無罪」の陰で病む蓮見夫妻の深い傷判決直後本誌に告白した離婚・夫婦生活、情事の真相》(『週刊ポスト』2月15日号)

この記事の文中には〈女房は『P—3』(対潜哨戒機)を『ピー・マイナス・スリー』と読んじゃうくらいに無知で、低能に近い女なんですから〉

という蓮見氏の言葉がのっている。

《「西山事件」の証人として——渡辺恒雄/蓮見さん「聖女」説にみる論理的矛盾》(『週刊読売』2月16日号)

ここには、弁護側証人として出廷し、スクープが新聞記者の生命であり、不可欠のものであるとして、国家機密もまた当然スクープの対象であることをのべた渡辺氏によって、はじめて事件全体の流れのなかに蓮見さんをとらえ、問題の本質をあきらかにしようとする冷静な眼と、キャリア二十年余の新聞記者として、情熱が感じられ、興味本位のあるいは悪意を含む他の週刊誌マスコミのなかで、異質の記事になっている。「早く世間から忘れられたい」と言いながら、第三者の男性のプライバシー暴露ともいえる手記を発表した真意を、一種の自己顕示欲の表れか、〝知的行動派〟であることを示すものかという問いかけ。〈西山記者が、彼女との関係の進行に関する事件のプロセスをすべて明らかに出来ないでいる事実を私は知っている。ついに保護しきれなかった情報源を、これ以上傷つけたくないからであろう〉、西山夫人が〈家族に対する社会的圧迫に耐え、かつ、夫の過誤を許し、激励し続けていた事実については、私は深く感動している。同じジャーナリストとして、不幸なこの事件の経過の中で、われわれにとって、これはひとつの大きな救いであった〉とも書かれている。そして、〈西山君に新聞人としての落ち度があったのは事実だが、その家族にまで罪はない。西山家の家族も、蓮見家と同様、一日も早く世間から忘れ去られたいのである〉とも。

蓮見さんは、西山夫人との関係では加害者の側面をもっている。民法上、蓮見さんは西山夫人から慰謝料を請求され、拒否はできない行為を分担している(蓮見武雄氏が西山氏に対して慰謝料請求権をもつのと同じように——)。西山夫人の沈黙、西山氏のニュース・ソースを保護し得なかった新聞記者としての負い目に乗じて、一方的に被害者である「無垢な女」を演じつづける蓮見さんへ、渡辺氏の文章には、ひかえ目な、しかしつよい抗議がある。

しかし、ほとんどの週刊誌は、依然として哀れな犠牲者蓮見喜久子とその夫を強調しつづけた。

《独占手記/蓮見武雄(56歳)『妻・蓮見喜久子との離婚を 私は決心できない!』西山記者と、〝情を通じた〟妻が、有罪判決を受けた直後、別居中の夫が綴った痛恨の叫び!》(『女性セブン』2月20日号)

これらの記事によって、蓮見夫妻の結婚生活は痛ましいほど赤裸々にさらけ出されてしまった。当事者自らにプライバシーの放棄がなければ、いかに貪欲な週刊誌といえども、どうすることもできなかったはずである。

前述の『女性自身』には、二年前の三月三十一日、辞表を同僚に手渡しての帰途、間違えて山手線に乗ってしまい、あわてて降りたホームに人影はなく、入ってくる電車にとびこもうとして思いとどまったと妻が語るあとへ、夫は、その夜の夫婦の姿を、

「うん、何もする気がないからね、おじやを大量に作って、それを食べていた。炬燵に顔を向かい合わせてね。でも、しゃくにさわることばっかりでね。あんまり食欲はわかなかった」

と語っている。いつまでも寒さがのこった遅い春の夜、いつものように夫は夕食の仕度をし、大事をしでかした妻と気まずく炬燵で向いあう。夫婦のこの夜の情景がありありと伝わってくるが、これもまた、あえてマスコミに語らなくともすむことであった。

この告白ものの氾濫のなかで、『婦人公論』三月号に書いた私の原稿(「裁かれた女蓮見喜久子」)へ、さまざまな反響が伝わってきた。蓮見さんの姿勢をきびしく見すぎるという非難があることを予測していたが、それはなかった。おなじ女としてのやりきれなさを感じている女性の多いことは、私の予想をはるかにこえていた。しかしその中には、私がきれいごとで終らせようとしているという手きびしい非難もあった。哀れな羊をよそおっている〝仮面〟をはぐべきだというのである。

蓮見さんをめぐる暗い底流のような噂を私が耳にしたのは、この原稿を編集部へ渡したあとである。ある会合の席上、一人の女性ジャーナリストから、「法廷へ蓮見さんと関係のあった男たちをひっぱり出すべきだった」という発言があった。ちょうど出席していた山川弁護人は、「しかしなんといっしも蓮見さんは迷惑を蒙ったニュース・ソースです。

もし自殺でもされたらどうするのですか」と答えた。このやりとりは、一人でこつこつ取材をして、マスコミ内部のいわゆる情報にうとい私には、ひとつの暗示であった。

女はなにかひとつスキャンダルにかかわると、不行跡不身持の女として烙印をおされる。蓮見さんの場合も例外ではない。噂はその意味で割引きして受けとる必要がある。なんの積極性ももたず、西山氏の言いなりになったという蓮見さんの主張を、こわれた結婚生活にあって恋を恋し、愛を追った女心を描くことによって否認する。法廷のやりとりと法廷外でみた蓮見さんの素顔を素材に、私にはそれが限度の精一杯の表現だった。

二月十四日、午前九時すぎだったと思う。寝室で新聞を読んでいると電話が鳴った。その女性は、都合で名乗れないとことわってから、私が『婦人公論』に原稿を書いた当人であることを確かめた。「女性で、あれだけ冷静に客観的に事件を見てくださる方のあったことを、心から感謝しております」。丁寧な声で礼を言われて、私は感謝をするのはこちらの方ですとあわてて言った。「おぼつかない、手さぐりで書いた原稿ですから」と。

その人はつづけて、「今日の午後、テレビに蓮見さんが出られるのをご存じですか。ぜひごらんになっていただきたい」と言った。そして、「西山の近くにいる者でございます」とも。

私たちは事件についておたがいの感想をすこしずつ話しあった。言葉の区切り目に「私は西山さんのすべてを肯定する立場ではありませんが、西山さんも蓮見さんも、国家権力のいわば被害者と考えております」と言うと「西山にもたしかに悪いところがございます」とまた静かな声が戻ってきた。私はあることを直感した。電話が切れるとき、思わず「西山さんの近くにいらっしゃる方なら、きっとお辛いことも多いと思います。どうぞお気持をつよくもって下さいますように」と言うと、電話の相手は絶句し、しのび泣きの気配が伝わってきた。

テレビは「3時のあなた」で、作家の戸川昌子さんのインタビューがビデオどりされていた。蓮見さんは判決の日にはじめて見せた、真ん中わけのボブヘアー。法廷へ出る日は「おやつし」がたいへんという話も聞いたことがあるが、この日も、判決の日と同じ黒い服、胸もとに真珠のブローチをつけ、左手首にはなぜか男ものの腕時計をはめていた。

なにか聞かれると、「そうでございますね」と言って言葉をえらぶようにして答える。カメラを意識する様子もなく落着いた応対である。

「あたたかい判決をいただき、まあよかったとほっといたしました」

——西山さんについて……。

「あたくし自身、正直言って存じあげない方なんです」

蓮見さんはそう答えて、すこし笑った。役どころがすっかり身についた俳優のような印象があった。仕事仕事で生きてきて、主人以外には、恋愛や市販されているようなこと(おそらくポルノ的なよみものなどのことであろう)とは無縁であったこと、西山氏に対しては恋愛感情よりは「こわいという気持で、幸福に浸る気持はもっておりませんでした」戸川さんは自分も同世代であると語り、お互いの青春時代に共通のものを探ろうとするようであった。蓮見さんは、

「そうでございますね。戦争がありましたから」

と答えたが、戸川さんの質問からいきなり「戦争」という連想は意外だった。「ボーイフレンドは?」と聞かれると「縁がございませんでしたねえ」ゆとりのある声と表情である。

蓮見夫妻の対談がのった週刊誌については、「主人から出てほしいと説得され、主人に対して負い目があるので承知したのです」と答えた。

この日は、法廷で見せたような、うなだれて打ちひしがれた風情もなく、質問者をチラッと見る眼に、涙はなかった。どうしてこんなに落着いていられるのだろうと思うほどの物腰と、ございます言葉——。「正直言って存じあげない方なんです」と言えば、西山氏にからんだ黒い噂はみんな消えると無邪気に信じているのだろうか。それにしても、蓮見さんは計算以上に役柄にはまりすぎたというのが私の感想であった。だまされそそのかさ

れた哀れに愚かな女というには、テレビの伝えた蓮見さんのイメージは、練達の応対ぶりに分別ざかりの成熟した女そのものをのぞかせていたから――。

つづけてまた『女性自身』に「真相告白第3弾」がのった。（3月2日号）

「私は離婚届に名を書き入れた！」という蓮見夫妻の連載対談の最終回である。前文には、西山氏の退職、検察側の控訴のことが書かれている。

〈――ズバリ、率直に言って現在の西山太吉という人間にたいする気持ち、話しづらいでしょうが聞かせてください〉

妻「西山記者に聞いてみたい……です。毎日毎日どんな気持ちで過ごしているのか、三度三度ご飯が喉《のど》を通るのか（興奮して、涙声になる）、私にたいしてどんな気持ちでいるのか（声に出して何度も泣く）、汚ない言葉でいえばツラつかまえて（興奮で口ごもる）なんでもかんでも言ってやりたい気持ち……（泣く）。法廷で同じ被告人席に坐るなんて、わたし、耐えきれなかった」

〈西山記者と対決しろと言えばしますか？〉

妻「……（しばらく考えてから、ヤッパリ）私は会ってもいいと思います」

夫「ほほう（驚いて）すごいことを言うな。泣いちゃって言えないんじゃない。

でもね、むこうが悪いんだよ。男のくせに約束なんか破ってね。ケシカランよ。

……」

最初三千何百万円入ることを予想していた毎日新聞社からの慰謝料が、結局一千万円におちつき、弁護料を払うと、一軒家を買ってそれで生活をしてゆくという計画は実現不能になったこと。浦和の夫の家へ戻ることを蓮見さんがおそれていること。

夫「……本当に愛情が強くて僕に頼ろうとするのなら、女房が帰って来るべきだと思う」

妻「愛情問題を出されると私は辛い……私がまったく外へ出ないでずっと家の中にいて、お風呂にも(涙声)行かないのなら……」

(注・浦和の家に風呂場はない。かつて夫婦でタオルをさげ、風呂屋に行った)

夫「だから風呂は家につくると言っている」

妻「(きっとなって、夫のほうを向き)そんな話、はじめて聞くわ」

夫「作ろうと思えば、突貫工事で三日でできるさ」

妻「……」(何か言いかけてやめる)

夫「……」(夫もまた同じ)

ときにはヒステリックに夫に言葉を投げつけ、とげとげしいやりとりの夫婦の会話は、質問者によって、この一年間の夫婦関係の有無を問われ、

夫「そ、それは(あわてて)ありましたよ。だ、だけど……僕としては割りきれんのだよ」

〈割りきれないというのはわかりますが……〉

夫「僕はセックスやらなくてもいいんだが、ただ、あまり離れ過ぎると女房を庇護する糸が切れるからね。だから……理論的に割りきってやっているだけだ。もうね、普通のあれはできないですよ。僕自身もいやになっているんだ」

〈失礼なことをうかがいますが、奥さんは素直にご主人の胸にとび込めましたか?〉

妻「いいえ、(と言って吐き出すように)ぜんぜん!」

〈それはなぜ?〉

妻「セックス自身が、もういやなんです。気のりがしないのです」

この対談がどの時点でなされたか書かれていないし、第一回対談のときの夫妻を別のアングルでとった写真が使われているのをみると、三回にわたって対談がなされたのでなく、一回に話し合われたものを分けて連載したものと見る方がよさそうである。ということは、テレビに出た蓮見さんと、この対談の蓮見さんを比べるとき、時間の順序は逆であった可能性がある。この対談のあとでテレビカメラに納まった蓮見さん、あるいはテレビのあとでこの対談の席へ出た蓮見さん、どの順序であったとしても、まったく別人のような雰囲気をもつ二人の蓮見喜久子がいるように感じる。

最後に蓮見氏と記者との一問一答があり、離婚届に名前を書きいれたのは蓮見氏であり、まだ手つづきは終っていないことが語られているが、つづけて、

〈奥さんに親しい友人がいらっしゃるようですが。〉

武雄氏「Tさんのことでしょう。でも彼は独身主義者で、彼には結婚する意思はないでしょう。女房だって、相談相手ではあるが、そこまで考えていないでしょう」

とある。いかにも曰くありげな、独身主義者のT氏のことを、蓮見氏はなぜ口にしたのか。

テレビ出演の応対と、この対談冒頭の「三度三度ご飯が喉を通るのか、……ツラつかまえて、なんでもかんでも言ってやりたい気持ち」というはげしい言葉。蓮見さんは、知らぬ間にすこし図に乗って、哀れな被害者の役柄に酔いすぎたようである。それは沈黙して事件の推移を見守ってきた人の心に火をつけて、さらに煽るような刺戟的な効果を、蓮見さん自身があたえることでもあった。

第十二章　告白　2

二月の京都は、聞いていたとおりひどく底冷えした。私はKホテルのロビーの一番奥のソファに坐って、ガラス窓ごしに雪もよいの重い空と寒々しい人通りを眺めていた。約束の時間は午後二時。黒いベロアの帽子をかぶり、ダークグリーンのコートを着た私を、先方に探しだしてもらわなければならない。

この朝、突風のために新幹線は全面ストップとなり、急遽飛行機にきりかえ、タクシーと電車を乗りつぎ、間にあうかどうか気もそぞろにここまで来て、まだ息がはずんでいるような気分であった。

雑誌が店頭に出てからしばらくして、地方のラジオ局から電話インタビューの申しこみがあり、その終りの部分で、いま沖縄密約と蓮見さんの問題の書下しをしていることを話した。そのひと、仮にX氏と呼ぶが、X氏からの電話はその夜かかってきた。

なぜ蓮見さんのことを書きつづけるのかと聞かれて、先方の意向もつかめぬまま、私は用心ぶかく、「歴史が個人の体験の上をまさによぎった例であると思い、その経験をどう受けとめるか考えたい。蓮見さんの受身に徹した姿を、同性としてあきたりなく思うので」などとかなり抽象的に答えた。

X氏「あなたはお書きになった文章のなかで、〝あわれないけにえ〟というような表現を使っておられましたね」

私「はい。法廷での印象がそうでしたので」

X氏「いまでもそうお考えですか」

私は返答につまった。〝あわれないけにえの小羊〟という表現にはおさまりきれない印象が、あの夏の日以来、次第次第に濃くなってきている。しかし、うかつにそのことは言いたくない。

私「彼女についてさまざまな噂のあることは承知しております」

同性としてそのことにふれるのはまったく忍びないという思いがある。その一方で、なぜあどけない童女であったかのようにふるまい、西山氏を必要以上に悪者にして世間に印象づけつづけるのか、これまた同性として許しがたい思いがある。まわりくどい表現で、私はそのことを言った。

X氏「ああ、わかりました。私が今朝あなたのラジオをたまたま耳にして、さらに原稿を書きつづけておられるのを知ったのは、まったく偶然なのです。彼女を〝いけにえ〟と考え、西山さんを一方的な〝そそのかし〟の加害者と考えているかぎり、この事件の綜合的な判断はできないです。あのひとは、そそのかされた〝いけにえ〟なんかじゃありませんよ。男と女の関係と言えば、いつも男の方が悪者にされますがね」

私「それはたしかにそうですが、噂だけで彼女のことをとやかくは言えませんから」

おたがいに用心して言葉をえらんでいるので、長い電話になった。その人はやっと言った。「私はあのひとと親しくしていたことがあるのです」

明日にでもぜひお日にかかりたいと私が言うと、X氏はこの電話は地方のある町からかけていると言う。なるほどこの頃ではダイヤル通話で遠くまでかけられ、東京と地方の区別はできない。すぐ近くに聞える声を、東京からとばかり私は思っていた。相手はまず、名乗れないと言ったし、姿を見せることはなお避けたいと言う。先方の立場としては当然そうであろう。いまこの電話が切られてしまえば、どう探しようもない人に、私一人で指定の場所まで行くこと、誰にもこのことは口外しないし、諒解なしには一字も原稿にはしないこと、信じていただく以外に、私にはどうすることも出来ないと一所懸命に言葉をついだ。

その結果が、このKホテルのロビーでおちあうことであり、住所も名前も知らない初対面の人の目じるしにえらんだ帽子とコートだった。羽田から飛びたつとき、ふとこの飛行機は落ちるのではないかと思った。私がどんな目的で伊丹へとぶか、京都へ新幹線で〝遊び〟にゆくと知っている人はいても、朝のニュースを聞いて一瞬の判断できりかえた空の旅とその目的は、誰も知らない。

ロビーには人気《ひとけ》がなく、外人の子供が二人、おぼつかない足どりで遊んでいた。そこへ日本人のよちよち歩きの女の子が近づいてきて、幼な児の共通語でなにか話しあう。金髪のかわいい子が、黒い髪の小さな子の頬にキスをした。親たちはずっと離れた椅子にいて、ときどき子供の姿を目で確かめている。

「澤地さんですね」

長身の男性だった。

話の内容が内容なので、すぐ別室がとれるように手配だけはしてあったので、自己紹介につづけてそのことを言った。X氏は清潔な感じの顔に苦笑いを浮べて、「ここにしましょう」という。坐りなおして正面から向きあって見ると、なかなか端整な顔立ちのひとである。

「お電話の声で、もっとご年配の方を想像しておりました」

「いや、私はそんなに若くはないですよ。昭和のヒトケタ、戦中派ですからね」

X氏は、臆病と笑うかも知れないが、と前おきして、今もこのロビーのどこかにかくしカメラの用意があるのじゃないかと思っていると言う。また、失礼だがあなたの前歴をうかがいたいと言う。そして、先夜の電話で、「電話のそばに誰かいませんか」というX氏の問いに「誰もいません。私、ひとりぐらしですから」と答えたのが気になっているのだと言った。

——あなたの名前を、『婦人公論』を見るまで知らなかった。無名の人なのに筆力があると感心したが、フリーのライターとして一人でやってゆくのは容易ではあるまい。私と会うのも、週刊誌への売りこみ手記をつくるためではないかと疑った。——

それまで、己れの信義の証明が、これほどむずかしいとは考えてもみなかった。私には結局、無手勝流のやり方しかない。十余年前に離婚したこと、恋愛事件——、初対面の人には話しづらい女としての過去を、なるべく簡潔な言葉で言い、曰くのあった相手があることないこと活字にして、過去をさらしものにしたとき、沈黙して耐える辛さも十分味わったと言った。離婚後母と二人暮しだったのが、昭和四十七年四月、脳出血で突然母が亡くなり、一人となったことも。

また、現在書いている原稿のなかで、沖縄の基地化の現状を書いていたとき、「嘉手納村九五％、読谷村七四％、北谷村九二％」と基地の占有率を書きながら、暮夜一人慟哭したこと。そういう他人には笑われそうなむきになるはげしさを、私自身いとしんでいること。同じ戦中派世代であるなら、沖縄の問題から出発しているこの事件を、なんとか本来の問題点へ引き戻したいと願っている気持をわかっていただきたいとも言った。

話しながらなぜか知らないが涙がこみあげてきて困った。これから書くのは、こうしたやりとりののちに、X氏がぽつぽつと語った蓮見さんの一面である。X氏が話すのをひどくためらったように、私もまた書くことが許されるか否か、惑い迷いつづけてきたが、聞いたままの話をここに書く。

X氏とその家庭に迷惑が及ばないように、具体的なことは書くのをひかえなければならない部分があるが、十年近く前のこと、X氏は東京に仮住いし、仕事の関係で外務省へ出入りをしていた。そしてそこで秘書事務をとっていた蓮見さんと挨拶をかわす程度の間柄になった。実際はほぼ同年代であり、当時蓮見さんは三十を過ぎたばかりだったはずだが、年よりはふけて見え、派手づくりだが相当年上と思っていたという。

省内の急な人事異動があり、X氏はそのことで蓮見さんに聞きたいことができた。この異動をきっかけにもう外務省へ行くこともないと思い、挨拶もかねて会おうとした。蓮見さんの方から、ある喫茶店を指定した。

用談は二、三十分ですんだが、夕暮れの時分どきで、どちらからともなく、「夕食でも」

ということになって食事にいった。酒ものみ、いい飲み友達のような雰囲気が生れた。数日後、蓮見さんから誘われて、また外で会った。その夜、「おそくなってもかまわない」と言われ、暗かった青春時代、結婚生活のなかでの寂しさ、自殺をくわだてた過去など、吐きだすような心情を聞いた。店を出て歩きはじめると、酔うほどのアルコールではなかったはずなのに、酔いがまわったように足もとが危くなった。歩けないと言う。タクシーに乗せると、正体がなくなったように軀をもたせかけてきた。とてもそのまま帰れる状態ではなく、どこかで休んで——ということになった。

そういうときの男がどんな気になるものか、わかりますか。そうX氏は聞いた。

「それからどれくらいの期間のおつきあいですか」

「半年くらいだったでしょう」

「どれくらいの頻度で」

「はじめのうちは、三日にあげず呼び出されて、昼飯を食べ、夜会う約束をしました」

「思いがけない間柄になってから、ある日外務省へ呼ばれてゆくと、あのひとは気さくな口調で『ウイスキーがあるのよ、もってゆく?』と聞いたんです。上司へきたお歳暮がだぶついていて、そのお裾分けだといっていました。『私がもっていても仕方がないから』とごく自然に言われて、私もまったく彼女の好意として受けとったのです。ジョニイ・ウォーカーの黒ラベルで、当時はいまよりずっと高級品でした。両手にさげて帰った記憶がありますから、このとき、七、八本もらったのではないかと思いますね。それからも何度か、ウイスキーをもらっています。

今度事件が起きてから、あのひとの言うのを聞いていておそろしく感じたのです。あの酒が横領事件にでもからんだら、私の方が下心をもって関係を迫り、その関係を利用してウイスキーを盗ませたと彼女は言ったのじゃないですか。

男がそそのかしたのではなく、そそのかされるような状況、そして呼び出しては会いつづけるつなぎのように、贈りものをする。私も若かったんですね。西山さんの場合どうだったか知りませんが、それが秘密文書だったということも言えるんじゃないですか。

あなたは原稿のなかで、彼女の笑顔はきれいだと書いているが、本当にそう思いますか。

西山さんが『君はきれいだ、個性的だ』と口説いたと週刊誌にのっていたので、思わず苦笑しましたよ。個性的という表現のもつ意味を考えましてね。人妻ではあり、彼女の方から誘いがなかったら、男のほうから惚れこむことにはならなかったのじゃないですか。それではなぜつきあったのかと言われると、一言もありませんがね。あのひとが西山さんの悪口を書いているのをみると、これじゃあんまり西山さんが気の毒だと思います。

事件が起きたとき、新聞を見て、もう忘れてしまって二度と思い出すこともないような彼女の名前を見、さいしょの頃の新聞を見ている段階では、私は蓮見さんに同情しました。私とのことが口火になって、あの人の人生は狂ってしまったのかも知れないと思いました。し、西山っていうのは、なんてひどい野郎だと思っていました。

一番最近に出た週刊誌をお読みですか。かなり激しい口調で言っていますね。事件がおきたとき主人に手をついて謝るべきだったともね。

しかし、男が責任をとるとは、具体的にどういうことですか。どんなに不利なことを言われてもいっさい釈明せずに沈黙を守る。そして出処進退をあきらかにする。この二つしかないでしょう。毎日新聞を西山さんが退職し、週刊誌に蓮見夫妻が一方的に暴露的なことを発表しても、一言の反論もしない。これ以上西山さんにどんな責任のとり方があると言いたいのです。

西山さんが言いたくて言えない部分、男がしょってる社会通念にうまくすりかえられてしまった役割、それがフィルムのネガとポジのように男と女が入れかわる部分もあることを、私は自分の経験でよくわかります。自慢するような過去ではないと重々知っていますがね。

あのひとは法廷で、ひどく脅えていたとあなたはお書きでしたね。他人の視線をおそれるなら、どうして自分から週刊誌に告白などするのか、理解に苦しみます。世間から忘れられたいといいながら、世間が忘れないように印象をかきたてているのは、あのひと自身じゃありませんか。

西山さんが憎くてしていることにしても、あんまりひどすぎます。

私がおそれながらあなたに電話をしたのは、審議官とか大使とか、外務省の事情に通じる人たちには誰にでもわかる、まるで名ざしのようなやり方で、いかにもなにかあったような手記を書いたのを読んで以来、どうにも自分の気持をせきとめられなくなったからです。あなたがあまりにも〝きれいごと〟にみようとしすぎるのじゃないかと思いましたしね。あちこちの家庭で、疑心暗鬼の家庭騒動がおきているんじゃないですか。そんなことをする権利があのひとにあるのですか。西山さんから手ひどい被害を受け、プライバシーを世間にさらされたというなら、なおのことあのひとはそういうことはできなかったと思うのですがねえ。

あなたは精神医学の本を読んだことがおありですか。躁鬱病ともちがうんです。非定型性の、自分で自分の心をコントロールできず、ときどき、周囲の人には理解できないようなことをしてしまう病的な傾向。その波のなかにあのひとはいるのじゃないですか。オフィスできちっと仕事をしている彼女と、酒がまわって眼が異様に光りはじめたときの別人のようなあのひとと、そうしか説明のしようがないように思いますよ。

あの人は今度の事件で、情事を夫に知られるのをおそれたと上張しているそうですが、夫へのうしろめたさ、すまなさ、心づかい――そんな人妻らしい気持の動きを私は一度も感じませんでした。むしろ逆です。

実は、彼女の嘘っぱちにひどく肚を立てたのは、私よりも家内なんです。ええ、家内には以前に白状しました。男のエゴ、女から言わせれば据え膳喰った男の身勝手さと言われるかも知れませんがね。彼女の西山さん攻撃は、許される限度をこしていると思います。

しかし、かと言って私には名乗り出る勇気などはない。家族のことを考えますし、仕事が致命的な打撃を受けることを考えますとね。

私がひそかに考えたのは、たとえばあなたのような人を立会い人にして、蓮見さんと話し合うことでした。いろいろ辛かっただろうが、嘘をついて、なにも知らずにだまされた哀れな女を主張するのはおよしなさい、私との間の出来事を考えても、一方的に西山さんだけが悪いのじゃないでしょう。――そう言いたかったのですがね。

世の中には目明き千人盲千人といいうじゃありませんか。嘘はやがてばれますよ。そのときあのひとはどうするのでしょうか。――」

私たちは長い時間、重苦しい会話をかわして、水一杯のまずにいた。X氏は静かな声のまま話し終ると「ちっぽけな正義感にかられて、自分の恥だけさらせばいいと出かけてきたのですが――。やはりとてもいやな後味の話になりましたね」と言うと、暗い笑顔を見せた。

人間の血のなかには、自分でも制禦できないざわめきがあるのだろうか。ケッセルの『昼顔』のヒロインの二つの顔のような――。蓮見さんの手記や対談にイニシャルで登場した男たちとのことを悪く想像すると、そうも思える。端整で長身なX氏の男ぶりを見ると、X氏に心惹かれた恋する女が浮かんでくる。いずれにしても、蓮見さんは自ら蒔いた種の――過去になにをしたかではなく、自分からプライバシーを放棄し、西山氏攻撃に前後のみさかいをなくしたまさにその結果として、辛い刈りとりを迫られようとしている。私にも後味の悪い京都行きとなった。

京都から帰っての三月のある午後、佃大橋をわたったあたり、運河ぞいの浅い春のなかを、私は歩いていた。

不況のどん底の昭和五(一九三〇)年、東海道の旧街道筋を、昼も夜も、都会で食いつめて帰郷する人の群がすぎる。提灯をつけて炊き出しのふるまいをする街道ぞいの村もある。そういう落魄の、明日の暮しもおぼつかない生活が新聞に報じられている昭和五年九月――。その月に生れた蓮見さんも私も、恵まれた赤児とはいえなかったようである。

最初の誕生日が来る頃に満州事変がはじまり、小学校へ入った昭和十二年の夏、盧溝橋事件。四年生で紀元二千六百年を祝い、五年生で十二月八日の開戦。シンガポール陥落の旗行列の中を歩く、ひたむきな眼をした女の子。聖戦と教えられて心からそれを信じ、特別攻撃隊出撃の大本営発表に、生きていることが申訳なくて泣いた動員世代——。戦争が終って、おおわれていた歴史の幕がひきはがされたとき、「知らなかった、欺された」というには誇りがつよすぎて、知らずに信じた自分への灼けるような屈辱感で沈黙した何年か——。政治が悪かった、だました軍部が悪いというのはおのれを否定する責任転嫁であるように感じるつよい自負心。

同じ年、同じ月の生れだからといって、蓮見さんに私自身をなぞらえることの愚はわかっている。しかし、あのひとはテレビで、誘われもしないのになぜふっと戦争のことを言ったのだろうという仄かな疑問。私自身がやりきれない青春の記憶をいまも背負っていて、それがすべてのことに立ち向うときの私の支えになっていること、たとえあざむかれ利用され裏切られても、被害者面をすることは決して自分に許すまいという自恃の気持——。その部分で蓮見さんと私とはまったく異質なものをもっている。「私はだまされました、知らずに裏切られました」とは、個人のレベルでも政治のレベルでも、私はどんなに辛くても言いたくない。言うことを自分に許せない。

そのためにいっそう、裁判を通じての蓮見さんに、やりきれない思いを感じつづけてきた。双生児のように、育った時代、社会環境や共通の体験の因子が私たちにはあるのに、私たちはどこで分かれたのだろうか。

蓮見さんに会ったら、ゆっくり時間をかけて聞いてみたいと思っていたことがある。その手がかりをほしくて、春さきの川ぞいの街を歩いてみたのだが、答は返ってはこなかった。ただひとつ、私が知りたかった答を暗示するようなある〝日付〟が手にのこった。

蓮見さんは昭和五年九月十四日生れ。私は同年の九月三日生れでエトでいえばウマである。就学時期その他、おなじ人生の軌道にのっていた。私たちがどんな青春を送ってきたか、つぎの暦の対照でみていただきたい。カッコの中の記載が私自身の分である。

★蓮見喜久子・昭和十二年四月中央区立明正小学校入学。(十二年四月満州新京市室町小学校入学)(十八年三月吉林朝日国民学校修了。四月、吉林高等女学校入学)

★二十年三月、京橋第一国民学校卒業。

★二十一年九月、都立京橋商業学校へ編入学。(二十一年九月、山口県立防府高等女学校三年に編入。引揚げのブランクで一年おくれる)(二十四年三月、都立向丘高女卒業)

★二十五年三月、都立京橋高校定時制卒業。(同じく三月、私立東京第一高校定時制卒

業)

★二十五年四月、国学院大学文学部第二学部入学。(同じく早稲田大学文学部第二学部入学)

蓮見さんは二十七年五月に胸をわずらって中途退学し、三十二年から二年間、結核療養のため入院生活を送っている。私は二十九年三月に卒業、三十四年四月に第　回の心臓手術を受けた。

まわりくどく書いたが、私たちは二人ともいわゆる〝苦学生〟として、共通の青春を持っている。私は旧制女学校の五年を卒業し、学制のきりかえどきで、大学受験資格がなく、かといってあと一年昼間の新制高校へ通える家庭状況ではなくて、夜間の高校へ　年通った。

青山の四連隊跡の、窓ガラスもないような旧兵舎が、名ばかりの学校だった。敗戦の前後に軍隊や工場へひっぱられ、また家庭の事情で正規の学校教育を受けられなかった男女が、転入手つづきのきわめてルーズであったこの夜間高校に机を並べた。四十がらみの白髪のひともいたし、職業も種々雑多、教壇に立つ教師の復員服と同じ服装の生徒もめずらしくなかった。

〝夜学〟というとみじめったらしいが、定時制とか第二学部と言ってみても本質に変りはない。授業が終って帰宅して、夕食をとるのは九時半か十時、空腹と寝不足がいつも道づれの、しかしそれがすこしも苦にならない生活だった。教室の窓から見た五月の澄明な夜空の美しさを、私は今も忘れない。

既婚で学歴もなく、臨時雇いとして外務省入りをした蓮見さんが、次官や審議官付になったのは、本人も手記のなかで書いているように異例のことのようである。霞が関は外交の代名詞であり、霞が関夫人とは虚飾の代名詞でさえあるような、門閥毛なみをとくに問題にする社会である。

蓮見さんの異例の〝出世〟には、曰くがありそうだが、彼女が有能な秘書であったことはつぎのエピソードからもうかがえる。

ある審議官が関西へ出張することになり、旅の手配を蓮見事務官に命じた。出発の前日になって気づくと新幹線の切符がない。審議官は間違えて屑籠へ捨てたものと思い、蓮見さんにそう言うと、彼女はきっぱり答えた。「審議官がお捨てになったはずはありません。きっとしまい忘れていらっしゃるのです」。屑籠の中身は、退庁時に全部ひっくり返して確認してから捨てるので、切符がまぎれているはずはないという。そして手帳を見て、何号車の何番ですから、そこへ坐って車掌に理由を言ってくださいと言った。結局切符はみつかったが、蓮見さんの仕事ぶりの徹底しているのに、この審議官は舌をまいたという。

事件が表沙汰になって、蓮見さんが悪評の渦のなかにいたとき、かつての上司たちが彼女の仕事ぶりは完璧であったと口々に言ったのは、男女関係のレベルをこえて、それが事実だったからである。そこへ辿りつくまで、蓮見さんには人には言えない苦労と努力があったはずである。そしてこの蓮見さんの通行証として、元ラオス特命全権大使を兄にもつ蓮見武雄の妻という肩書も見落せない。いずれにしても、蓮見さんの不幸は、外務省という小社会に根ざしていたのかも知れない。

西山さんもまた、奇妙なことに一年おくれだが九月生れである。しかし、昭和二十九年三月慶応大学卒業、三十一年三月慶応大学大学院卒業、毎日新聞入社というエリートコースを生きてきた人に、蓮見さんが背負ってきた青春の痛みはおそらくわかってはもらえまい。女性たちによる西山非難は、女を人間以下に考えるエゴの持主、性差別意識の男という論点をもっているのだが、蓮見さんがその職場でどんなに派手にふるまい、堂々として見えたとしても、精一杯の背のびもあり、それだけまた脆さもあったことを、西山さんは露知らずに蓮見さんを抱いたであろうと思う。その分、私はやはり蓮見さんに痛ましさを感じる。精一杯苦闘して辿りついた人生の地歩が、無残に崩壊したのだから——。身から出た銹とだけは言いきれない痛ましさを感じるのは、共通する青春をもつ私の過度な感情移入なのだろうか。

真っ白くて汚れのない人生、そういう人生も世の中にはあるのかも知れない。しかし、四十年生きれば四十年の汚れと疲れのある人生の方が、私には身近かに感じられる。人さまざま、過失もあり裏切りもあり、きれいごとばかりではすまない人生を生きて、そういう過去の暦の上に、現在どんな姿勢で立っているかが問題なのだと思う。蓮見さんにどんな過去があろうとも、それはそれで、誰が彼女に石をぶつける資格があるだろうか。

やりきれない気持で京都から帰り、その青春の時間表を見てから、この二年間、蓮見さんが演技しつづけてきた役割の愚かさとあわれさが、なおいっそうつよく感じられてきた。女エルズバーグを気どり、あるいはジャンヌ・ダルクを気どられても、私は生理的に反撥したに違いないが、キャリアをもつ四十代の女の思慮分別が、〝あやまち〟の事後処理に当然はたらいてもよかったはずだと思い、その点だけが残念でならない。

判決の夜の集会で松岡洋子さんは、「これからは確信犯をうみだすこと、女エルズバーグを出さなければならない」と強調したが、蓮見さん問題からの苦い教訓があるとしたら、「男にだまされるな」ということでもなく、「身持ちを正しくせよ」ということでもない。自らの意志で行動し、その責任を背負う姿勢がないかぎり、女はたとえ有能で経済力があったとしても、社会的な一人格たり得ず、半人前で、運命に翻弄される存在として終るということであろうと思う。そしてこの課題は女だけのものであるはずはなく、この基本姿勢の中から、やがてエルズバーグも女エルズバーグも生れてくるのではないだろうか。

　西山氏は写真で見ると法廷以上に印象の悪いひとである。男であってもあの出廷に苦痛がなかったはずはなく、その身がまえがいっそう「傲慢な悪者《わる》」というような印象を与える。西山氏に投げつけられた、色好み、背徳漢という非難の過重であることは明らかだが、もう一つ西山氏が法廷外で問われている責任もしくは倫理の問題として、新聞で報道せず、社会党へ流し、ニュースの目的外使用をおこなったという動かしがたい非難がある。

　昭和四十六年六月十八日の『毎日』に、西山氏が署名入りで密約問題を書いていることはすでにふれた。この記事の掲載にあたり、毎日新聞としては電信文全文の掲載にふみきることをきめ、編集主幹までの同意事項であったという。それを最終的にチェックしてとめたのは西山氏自身であったと聞く。理由は、電信文の性格上かならずニュース・ソースがばれるということと、国民的な大事業である沖縄返還に致命的な結果を招来する可能性があることへの危惧であったという。西山氏はニュース・ソース秘匿のために、スクープを自分の中で消化し、ギリギリのところを記事にした。

　この時点では蓮見さんとの約束を守りとおした西山氏が、半年後に社会党の横路氏に仲介の記者を通して電信文の内容を伝え、翌年三月には電信文のコピイそのものを渡して、結果的にニュース・ソースを暴露した責任、その結果蓮見さんが蒙ったダメージについては、責任のまぬがれようもない。

横路代議士の議会での秘密資料の取扱いに不備があったことも指摘されているが、この点を横路氏に質問したところ、「これで佐藤内閣は倒れるという判断があり、もし政権が交替すれば刑事事件になる問題ではなかった」という答が返ってきた。横路氏の政治的判断と、議会運営上の野党側の姿勢に致命的なズレがあったようである。(この年二月、社会党が秘密メモをもとに沖縄返還交渉の密約を追及するという観測記事が『ASPAN EWS』の47年2月9日号にのっている。このニュース・ソースは不明である。)

もう一つ横路議員に確かめたいことがあった。それは、提供者が外務事務官の女性と知っていてのことであったかどうかという点である。知っていて、いわば佐藤内閣倒閣とひきかえにしたのなら、目的のために小の虫をふみつぶしたのと同じことになる。

青年議員らしくハキハキと歯切れのいい横路氏の口調が、すこし重くなった。

——蓮見さんを知っているどころか西山氏からさえ直接には受けとっていない。問題の文書の入手経路やそのいきさつについては、具体的にコメントすることはさしひかえたいと思う。しかし、四十七年三月の時点で政府にあの電信文をつきつけたとき、ニュース・ソースの問題その他、顧慮すべき制約は、前年十二月からの三ヵ月間に解決されているという判断があった——。

ここにもまた、明らかにはしにくい屈折した事情が介在するようである。

考えてみれば、私は政府関係者から取材することを最初から断念していた。国会でも、証人宣誓をおこなった法廷でも、嘘をつき、「忘れ」、ごまかしつづけた当事者に、なにも期待できないと本能的に感じていたから。その分、こちら側の内面ばかりをほじくる結果になった。

坂田弁護人が言った。

「この事件の真相を知っているのは私ぐらいでしょうね。私はお墓へもってゆきますからね。真相はついにわかりますまい」

さて、西山氏の責任について、私なりの感想がある。社会党との間に道がついた頃、西山氏は九月に蓮見さんとの間柄が終り、沖縄国会も山をこして、請求権肩代りの秘密電信文は、プライベートな関係同様、すでに片づいた問題だったのではないだろうか。もしまだ個人的な関係がつづいていたら、当然、社会党へ渡す際の配慮は、もっと周到でこまやかであったはずである。

返還協定の批准も終って、請求権問題の比重は圧倒的に軽くなっていた。あとに残っていたのは交渉上密約を結んだ政府が、国民もしくは国会にどのように報告をするかという、政治家の「道義的義務」と責任であった。もし国会で問題になったとしても、情報提供者の逮捕にまでよもや発展すまいという楽観的な見通しがあったと思う。しかし、政治権力の意志と恣意は、敏腕をうたわれた西山氏の想定をはるかに上まわっていたようである。

さらに、事件が発覚する二十日ほどまえの昭和四十七年三月六日、西山氏は朝刊の一面に署名入りで「政策マインドのなくなった内閣は、もはや内閣でない」という記事を書いている。この記事が、政権末期の首相の座にしがみついていた佐藤栄作氏をひどく激昂させたという。西山氏は次期総裁候補の一人であった大平正芳氏に近い記者とみなされており、西山氏の記事に、佐藤首相は党内派閥の挑戦を見たという観測がある。

前年六月十八日の「肩代り密約への疑惑」記事を署名入りで書いて以来、西山氏に尾行がつけられた気配のあることもふくめて、佐藤首相にとって、『毎日』の西山記者は、単に一政治記者以上の存在であったようである。

西山氏は蓮見さんにわずかな交通費とエアメイル代のほか、まったく金品の贈与をおこなっていない。アメリカ出張のとき、土産を買ってくるよと言った西山氏の言葉を、蓮見さんは期待していたようだが、ハンカチ一枚、香水一瓶買ってはきていない。

西山氏のやり方には、女心の扱い方にきわめて不用意というか、不十分なところがある。それが終った情事を風が吹きすぎたようにしか考えなかった盲点にもつながり、女斬捨ての男のエゴという非難に理由を与えている。また社会党への資料提供(間接的にもせよ)をするとき、ニュース・ソース秘匿のための細心の配慮とともに、西山氏は政治権力の鉄の意志と佐藤首相のなみなみならぬ敵意を考える必要があった。考えれば、もっと周到な手の打ち方はあったはずである。ここにも西山氏の読みの甘さ、不用意さがある。

私はこの仕事の取材中、ある情報をつかもうと躍起になっていたとき、「成功ばらいで、あんたは女であることを提供しないかね」と言われたことがある。私がものを書く人間と知っての言葉である。仕事をする女がこの社会でどんな扱いをうけているか、久しぶりにしたたかな実感を受けた。そういう男性が、おなじ声で西山氏が「情を通じた」と非難してもいるのである。

男たちにとっては、仕事をしていようがいまいが、しょせん女はそういう興味の対象でしかないのだろうか。男たちにとっては、自己主張などせず、唯々諾々と男の言いなりになる女こそが、男ごのみの都合のいい存在であるのかも知れない。この事件をふりかえって私が皮肉な因縁を感じるのは、西山さんは男たちが期待してつくりあげてきた、そういう自主性のない女性像にすっぽり身をかくした蓮見さんによって、復讐されているということである。

男性支配の社会がつくりあげてきた女、支配には都合のよかった男女関係の循環のなかに、西山氏の現在の「煉獄」が胚胎しているともいえる。

昭和四十八年の十二月、沖縄へ旅した第一日。牛島中将以下司令部の幕僚たちが自決し、動員学徒たちの多くも死の道づれとなった洞窟を見てから摩文仁《まぶに》の丘へのぼった。ちょうど南国の夕陽が落ちかけていて、島の南端のあたりは赤く燃えたちそうな色をしていたが、艦砲射撃でざっくり削られた傷痕は、岩壁にそのまま残っていた。

暮色が薄紫色にただよう一面の砂糖きび畑。一平方米あたり一発という大量の砲弾をうちこまれ、米軍の上陸にそなえて地雷を敷設し、全島火薬庫のようになった沖縄は、まだ米軍基地が主要地域を占領したままで、戦後というにはきびしい現実におかれていた。摩文仁の丘から海岸へ出るまでの一帯は、道も通じないほど樹木が繁っているが、不発弾がゴロゴロしていて足をふみいれることはできないという説明だった。それが海岸線だけでなく、市街地にも似た状況があることは、最近おきた不発地雷爆発による死傷事故が証明している。

夕もやが次第にたちこめる丘にたって、沖縄は遥かに遠い島であることを思った。この島の人々が戦中戦後、ほぼ三十年にわたって体験してきた生活を考えれば、〈情を通じ〉問題など、はるかに矮小な問題だった。ましてや「沖縄は自分の手で祖国へ復帰した」と誇ろうとした一人の男のプライドなど、とるに足らない問題であるはずだった。沖縄の人々の多年の悲願である基地からの解放――。それを果さず、基地半永久化の祖国復帰をさせた政治責任の方が、はるかにはるかに大きかったはずである。しかし、問題の原点に沖縄の存在が横たわっていることを、どれだけの人が考えただろうか。

この事件によって、官庁関係への取材は非常にきびしい制限を受けるようになったと聞く。蓮見さん有罪の判決は、心ある公務員をも用心ぶかく臆病にさせ、国家機密秘匿のための威嚇の効果は、私たちの想像以上のものがあるらしい。

一組の、それぞれに既婚の男女―外務省と毎日新聞―日本政府―米国政府。この連鎖のなかに、対等であるべき男女関係の実情、言論・報道の自由の問題、新聞の役割、主権者である国民に対する政府の政治姿勢、国会の役割、沖縄の存在、対米関係という実に多様な根本的な問題がからんでいる。戦後史をほとんど集約していると言っても言いすぎではない。

しかし、第二次世界大戦の〝戦果〟の上に極東政策と戦力による介入を組たててきたその残務整理を日本に肩代りさせた米国政府は、この事件を太平洋をはさんだ文字通り対岸の火事以上によそよそしく見ていたようである。基地のままの沖縄をいわば貰いとり、さらに長く基地下の生活を強いる返還協定を結び、〈密約〉さえ結んだ佐藤内閣はすでに交替し、誰もその政治責任を問われなかった。

肩代り密約四百万ドル。たかが四百万ドルであり、あの状況下ではそれもやむなしとする意見もあると思う。それならば、政府はそのように国民の諒解を求めるべきであった。それも果さず、秘密電信文にかかわった二人を刑事被告人にすることはなかったと思う。しかし終始安全圏にいて、機密保護法制定の野心をちらつかせさえした政治権力は、責任関係をみごとにすりかえてしまった。その結果、この責任関係では末端に位置する二人に、すべての勘定書がつきつけられ、その二人は「下半身問題」などと表現それ自体いやな問題の次元で、泥にまみれつづけている。問題の本質はもののみごとにすりかわってしまった。昭和四十七年三月、佐藤栄作氏が投げたブーメランは、自民党政治によってひきつがれ、彼らがのぞんだ効果を十分果してその手へ戻ってゆく。この事件での主導権は一貫して権力の側にあった。彼らはまだ矛をおさめてはいない。上訴審で西山氏の審判がどうなるのか、予断は許されない。

〈情を通じ〉というすりかえの毒矢を投げつけられたとき、投げ返せなかったこちら側の精神的な土壌、現象にひきまわされて本質を見失いがちな弱点を、今度ほどつよく感じたことはない。〈知る権利〉という言葉とは比較にならぬ〈情を通じ〉のしたたかな実感。そして、沖縄は遠い忘れられた島だった。

いま、結論のないままこの稿を閉じようとして、寡黙であった沖縄の人々の声と表情が思い返される。もはや本土の政府に期待はできず、自力で復帰後のきびしい現実を切り拓こうとしている沖縄の人々は、たたずむ巨人のような苦渋を浮べながら、なおかつ西山記者をバック・アップしきれなかった力の弱さを語り、「肉体関係など洗えば落ちる」と語って、蓮見さんが顔をあげて生きることに期待を寄せた。明らかに歴史の被害者の重荷を背負わされながら、その位置からたたかいながら這いあがろうとする沖縄の人々に、ある啓示を感じる。

もはや過去におこったことを変更することが不可能である以上、明日からいかに生きるか、その生き方にしか私たちの選択の道はない。

ロシアの詩人は「あなたの演ずる人物があなたの真実になったら、よろしい、それをつづけることです」と書いているというが、蓮見さんに現在の役割を真実と思ってはもらいたくない。初心にかえってほしい。その蓮見さんのかたわらに私たちは友人として立ちたいと思う。

第十三章　新たな出発

私にとって二冊目の本であり、個人的な事情を書けば、フリーのライターとなった最初の本が『密約――外務省機密漏洩事件』であった。昭和四十七(一九七二)年二月に『妻たちの二・二六事件』がはじめて本になったときには、私は昭和史に関する資料助手であり、月給生活者であったのである。

はじめから本題をそれるのはあまり賢明な書き方ではないと十分承知しているが、いま新しい『密約』の一章を書き加えることになって、やはり私は、一冊の本にかかわった私自身の身の上から書きはじめる方が自然であるように感じている。

沖縄返還の外交交渉をめぐっての、日米間の《密約》から派生した裁判は、昭和五十三(一九七八)年五月三十一日付で最高裁の上告棄却の決定がなされ、一審有罪(控訴せず確定)の蓮見元外務事務官とともに、西山太吉元毎日新聞記者の有罪が確定したばかりである。私が旧稿に縷々書きつらねた、きわめて意図的な事情をはらむ裁判は、原告というべき国(つまりは自民党政府)のほぼ全面的な勝利をもって終結した。

控訴審開始以降の経過を書くのがこの新稿の目的ではあるが、法律の門外漢である私は、私自身を語らずにはこのテーマにふれにくいと思えるほど《密約》事件に深入りし、ことに蓮見さんと事件との微妙なかかわりあいを文章にしてしまった人間である。

助手であった私は、最初の本『妻たちの二・二六事件』の出版を祝う会が開かれてから四十時間たたないとき、母の脳出血による意識不明の事態に直面、母は昏睡の二夜ののちに六十四歳でなくなった。私は一人暮しになった。

過去にすでに二度の心臓手術を通りぬけてきて、私は四十八年一月、今度は子宮筋腫による摘出手術を受け、その前日、助手の仕事が打ち切られるという知らせを受けとった。

かかわった仕事は未完のまま、九年越しの助手生活に区切りをつけ、フリーとして生きてゆくことになったのが、五年前の春である。

一冊の本を書いてはいたが、急にフリーのライターになった私に、仕事の注文はまったくなかった。なんとかしなければならないという焦りがあったのだろうか、私は書くはずもなかった苦い原稿をひとつ書いている。そして、ひきかえにあたえられるはずであった連載の仕事の約束は果されなかった。

民事か刑事かの区別すらつかないまま、私が《密約》裁判の傍聴にいったのは、たっぷりの時間と自恃の気持はありながら、どちらへ向いて歩く人生なのか、まったくお先真っ暗という時期である。生活手段に窮したら、私は事務員にでもなって、こつこつ書きたい原稿を書き、自費出版すればいいと心を決めていた。したがって傍聴をしてそれを本に書こうという気持は、はじめのうちはかけらもなかった。法律や法廷は私にとっては遠くて無縁な世界であったからである。国会図書館へ通って、「旧満州時代」の資料を読みつづけていたある日、新聞記事に触発された一人の市民としての関心が、私をたまたま東京地裁へいざなっていったに過ぎない。

第一審の顚末、事件の背景等については、旧稿の中に精一杯書いた。いま読みかえすと、生硬で稚い正義感みたいなものが感じられ、わずか四年前の仕事ながら、私には懐しくいとしいような思いさえある。

蓮見さんは第一審の公判中から、有罪であることについて争うことなく、ひたすら情状酌量を求めていたから、検察側求刑の「懲役十ヵ月」に対し、「懲役六ヵ月、執行猶予一年」の判決にそのまま服した。単純に「服した」のではないことはすでに書いたから、ここではくりかえさない。

一方、検察側が主犯として懲役一年を求刑していた西山氏は無罪の判決であり、検察側がこれを不服として控訴したことから、《密約》裁判の第二審がはじまった。

東京高裁における第一回公判は昭和五十(一九七五)年十一月十三日。非常に早いテンポで公判がおこなわれ、翌年五月二十七日の結審まで七回の公判が開かれたが、被告席に座っているのは、公判のつど郷里から上京してくる西山太吉氏一人、蓮見さんの姿けまったくなかった。しかし、法廷には終始「蓮見供述」という「影」がつきまといつづけ、結局、完全に局外に去ったかにみえる蓮見さんがのこした一方的な証言によって結着のつけられた裁判であったように思える。

検察側の控訴の理由は、原判決(つまり西山氏無罪の判決)が、手段・方法の相当性の欠如は、目的の正当性、法益の権衡性によって補われるとしたことを不満とし、そのかし行為の手段・方法に強度の違法性があること、三通の電信文の秘密保護の必要性はきわめて高度なものであって、言論報道の次元をこえて守られるべき秘密であったという判断による。原判決が、取材活動に対する憲法的保障に言及している点は、憲法第二十一条の解釈適用の誤りであるとも主張している。

控訴審公判の第一日、私は東京地裁へ傍聴に通った第一審と同様に、必要と思われる時間をはかり、朝早くから東京高裁裏口に並んだ。先頭から十七、八人目に並んでいたにもかかわらず、私の何人か前で傍聴券の交付は打ちきられた。

第一審ではほぼ五十人が傍聴できた。第二審ではわずか十六人の傍聴しか許さない小さな法廷に裁判は移っていたのである。この第一回公判の朝、傍聴できなかったのは七、八人、その他の公判は、判決の朝の混雑とくじびき騒ぎは別として、小さな法廷にみあう、ほどほどの傍聴人しか姿を見せなかった。霞《が》関の東京高裁へ通う私に、「まだあの裁判はつづいているんですか」と、きわめて「率直」な反応を示したジャーナリストさえある。

公判日のほとんどは凍てつくような寒さであった。着ぶくれて、病んでいる心臓をそっとかかえるような思いで傍聴券の配布を待っているすぐそばを、旅行カバンをさげた西山氏が通り過ぎてゆく。挨拶をかわしたこともないし、その心中は想像もできないが、孤影悄然という形容がぴったりするような雰囲気があった。

大体、西山氏も蓮見さんも、問題の本質の重要度、当事責任からいったら、いちばん末端に位置していた人である。

昭和四十六(一九七一)年六月十七日の沖縄返還協定調印までの外交交渉において、佐藤栄作内閣ならびに外務省中枢の主務者たちによって米国政府との間に《密約》が結ばれた。相手国あっての外交であれば、限られた期間、守られるべき秘密があることは当然ともいえる。しかし、代理民主制を建前とするこの国で、国民にも知らせることのできないような国家機密は、きわめて限定されるべきであろう。

譲歩につぐ譲歩、妥協につぐ妥協によって、基地の島沖縄をそのまま買いとったのが返還交渉の実状であり、蓮見↓西山の連繫によって辛うじて公けになった基地復元保障四百万ドル肩代りは、いわばかくされた《密約》の氷山の一角に過ぎない。真実の全容は闇から闇へである。

アメリカが議会に対する約束を楯として、沖縄返還にあたり一ドルの支出もできないことを強く主張して「国益」と議会に対する信義を守ったのであれば、日本側は、国会（ならびに主権者）に対して、妥協譲歩しつつ沖縄返還の実をとらざるを得ない歴史状況・政治力学を明らかにする義務があったと私は思う。

しかし、「密約なし」と国会で強弁をくりかえした佐藤首相は、日米間の電信文という動かぬ証拠をつきつけられて、あたかも政治責任をとるかのような意思表明をしながら責任を回避、検察当局は《密約》暴露に一役買った男女を告発し、いわゆる「下半身問題」を表面化させることで世論の矛先きをそらせると同時に、問題の本質を比較もならない卑小で低次元なものにすりかえてしまった。

「情通問題」の目つぶしをくらって世論が流れを変え後退する中で、昭和四十七（一九七二）年五月十五日、傷だらけの沖縄はともかく二十七年ぶりに本土に復帰し、六月十七日、佐藤首相は七年八ヵ月という首相としての最長不倒記録を確立して、引退の花道を去っていった。新聞記者に対して「出てゆけ」と発言したため、記者会見場にはテレビカメラのみという異例な引退であり、それが田中角栄内閣出現の序幕でもあった。

佐藤首相としては、最長不倒の記録の最後の花が、沖縄本土復帰の実現であり、その内幕について誰からもうしろ指をさされたくない心境であったことは推測できる。

しかし、主権者の投票によって選ばれた政治家であり、与党であり、さらに政権担当者であることを考えれば、肩代り四百万ドル、収支において八百万ドルの損失を生じ、余分な税金をつかった責任は、タックス・ペイヤーである国民に対して明らかにするべきものであったはずである。だいたい、基地復元補償の一点に限ってでも、ともかく日本の主張が通ったというみせかけをつくるために、わざわざ肩代りの財源を提供する姑息な面子とはなんだったのだろうか。それが国家公務員法でいうところの「国家秘密」とよび得るものであったかどうか。ごく平静に常識的に判断をすれば、結論は「否」でしかない。

だが、政治家たちや外務高級官僚たちの政治責任は問われることなく、裁きの場に一組の男女が被告人として残された。そして控訴審では西山氏一人になった。

法律の世界とは、奇妙な世界である。事柄の本質からみれば枝葉の部分にいる人間を国家公務員法違反の罪に問う。そして、西山氏は「国家秘密の取材」にかかわって法廷で裁かれる最初の新聞記者であった。

「国家秘密」を取材した新聞記者が罪に問われる法律があるなら、国会と主権者に対し欺瞞と背任をおこなった政治家を告発する法律があってもよさそうなものである。しかし、「国民の知る権利」という正統的で受身な主張はなされたが、主権者の側からの法律上の告発はなかった。選挙がそれにかわるものとして存在するわけだが、投票する側の意識にはその因果関係の自覚は稀薄であったように思える。

「国家秘密」とはなにか。報道の自由とはなにか。西山氏の蓮見さんに対する言動が国公法の「そそのかし」に該当するか否か。法廷の争点はここへ絞られて、沖縄返還の内実も佐藤内閣の本質すりかえの責任も法廷では問われない。起訴状にそった検察対弁護側の応酬がくりかえされるのが裁判である。それが常識・常道であるとはいえ、事件の本質の質量に比べてきわめて限定されたたたかい——。それが裁判というものに約束された世界であった。

控訴審の経過をこまかに再現すれば一冊の本になるほどだが、すでに第一審の主要な法廷場面を読んでいただいた方たちにとって、内容的に重複のある法廷の再現は煩雑とさえいえよう。それで、第二審の経過を、日録風にまとめてみた。

昭和50年11月13日　東京高裁第六刑事部で初公判。裁判長木梨節夫、裁判官時国康夫、奥村誠。検察官増山登。弁護人は第一審とおなじく伊達秋雄、高木一、大野正男、山川洋一郎、西垣道夫。

検察側は、「国家の秘密について、取材行為といえども、秘密をもらすようにそそのかしたときは刑罰の対象となる」として秘密保護の必要性を強調。

弁護側は「情報の自由な伝達の上にこそ、民主制社会は成り立つ。政府の秘密指定によってそれを阻むような法解釈は、民主制社会の根幹を危うくする。報道記者の取材行為の処罰は、憲法二一条の表現の自由に違反する」とつよく反論。憲法の表現の自由をめぐって本格的な論争が展開されることを予測させた。

11月27日　弁護側証人、河野洋平(衆議院議員・自民党)　父子二代の与党政治家の体験から、マスコミの役割を高く評価し、外交交渉について、開かれた場で、徹底した取材活動がなされなければ後遺症をのこすと証言。

証人氏家斉一郎(読売新聞広告局長)　新聞記者の取材はつねに「秘密事項」の取材を意味し、極秘文書だからといって取材をひかえることはない。権力はつねに腐敗しやすく、国民に真実をさらすのが報道機関の義務であること。ニュース・ソースとして公務員が占める割合は九〇パーセントであり、官庁からの文書持ち出しもやる。刑事罰の対象になる行為以外、取材は自由であり、自由を失えば権力の腐敗の方向にマスコミが加担することになると証言。

51年1月20日　証人上田哲（参議院議員・社会党）　野党議員に対し国会での資料提供はほとんどない。防衛庁長官が国会で答弁を回避した事柄について、米国務長官が核心をつく回答をした例もあること。政府は事実の隠蔽のみならず、政府に都合のいい結論へ導くために嘘をつき、そのチェックの手段は、野党議員にとってきわめて限られていること。外交交渉過程に秘密のないことが原則であるべきであり、マスコミの役割は最高度に重要だが、その機能が十分に果されているとは思えない。公務員は時の権力の下部機構として、権力の奉仕者となっていると証言。

証人松岡英夫（著述業・元毎日新聞記者）　新聞記者の取材に定型はないこと。民主主義社会では国民が政治行政のすべてを知っていることが理想であり、新聞は国民にかわり取材し報道する使命を負う。一朝にして目ざめれば太平洋戦争の渦中にあった過去の苦い体験は、国民に対して申しわけなく、二度あってはならない。閣僚も新聞記者も知らない政治家の独断専行の例が、台湾政府を中国の正統政府と認めて国交を回復した「吉田書簡」であり、その修正に二十数年かかっていること。プレス不在の政治独走は、戦後の現在といえども油断ならず、新聞記者はその報道の使命感のもとに行動し、それを一般社会のモラルで律することは非常な制約になること。愛情関係が生じたあとで取材協力を頼むのはあたりまえで、女性はいやならことわればいいのであること。取材の許容限度は新聞記者の常識にあることを証言。

2月10日　証人内田健三(共同通信社論説委員長)　学徒兵として抑留復員の経験をへて、言論の自由と知る権利の重さを痛感してジャーナリストになったことをまず前提として語った。ついで、戦後政治は憲法と安保条約の二極にからむ対立の歴史であり、安保条約につよく依存する保守党は永久政権にほぼ近い政権の座を占めてきて、必要以上にそのガードは固く、馬鹿げたものまで秘密指定にしてきたこと。最近のロッキード事件でも明瞭なごとく、日本の国政調査権の働きはかなりにぶく、マスコミの報道の役割は重いこと。新聞記者の取材は、創意工夫をこらし、なんらかの心理的強制をともない、社会的常識と新聞記者の職業の特殊性、使命感とのかねあいにおいてボーダーライン的なものをもふくむことを証言。

証人坂本義和(東京大学教授・国際政治学)　民主主義とは統治するものとされるものとが本質的に同一であること、決定者がもっている情報と、決定に拘束される国民との間に、情報の共有が成立することが必要不可欠の大前提であることを証言。

これで弁護側の六人の証人の証言が終った。検察官は証人として西山太吉と蓮見喜久子の出廷を請求したが、蓮見喜久子については却下。

3月11日　西山太吉に対する被告人質問。

5月11日　おなじく被告人質問。検察側は「弁論要旨」の文書を提出。
5月27日　最終弁論がおこなわれ結審となる。（以上敬称略）

第一審と比較すると、控訴した検察側から新事実の提起もなく、相被告人の一方の「不在」とあいまって、いわばドラマ性のない公判がつづいた。だが、弁護側のたてた六人の証人は、たとえば外交交渉の秘密が国民に知られることから生じるマイナスは、秘匿のもたらすマイナスとは比べようもなく小さいことを証言し、ベテラン政治記者としてのキャリアをもつ三証人が、こもごもに国家秘密への取材は日常茶飯のことであると語る言葉には説得力があった。

「全戦勝利」の嘘で固めた大本営発表の枠の中で、まるで官報の大衆版というべき新聞が読者へ送られつづけたのは、わずか三十年前のことである。メモを禁じられたまま、民主政治の基礎やジャーナリスト心得を教えられるような面白さをこれらの証言に感じて検察官の顔をみれば、窓ぎわの検事の席に座って、検察官は「なんとも理解いたしかねる話ばかり」という表情を露骨にみせて首をふり、暗に拒絶の心情を示していた。

証人調べの最終日は、ちょうどロッキード問題が海をこえてとびこんできた直後であり、内田証言もこの事件に言及しつつ外交交渉の取材の必要性は特に大きいことを語り、国益論（国家秘密をもらすことは国益に反する）の要件をみたす秘密漏洩のケースはすくなく、国家秘密保護により国民が盲にされる可能性とその害悪の方が大きくかつ重いと証言した。

みるからに温厚そうな証人たちが、つぎつぎに秘密事項の取材なしには記者活動は成立せず、いわば日常茶飯のことであり、その取材にはなんらかの心理的強制をともない、言葉としての「おどしすかし」は当然あり得ると証言するのは、興味ぶかいことであった。

現に、アメリカ上院の多国籍企業小委員会における審問の余波の形で、田中内閣の構造汚職の一端がようやく明るみに出たのである。一方の当事国である日本では、指一本ふれられなかった政財官界の癒着と腐敗の実相が、アメリカの議会政治によってようやく国民の耳目に達したというのが実状なのである。

おなじく民主主義をかかげる自由国家とはいいながら、日本の政治構造の未熟さと腐敗、新聞の機能、主権者の政治に占める比重など、ロッキード事件ひとつを例にとっても、日米両国の政治の成熟度(もしくは完成度)にひどく距離のあることを感じないわけにはゆかない。

東京高裁での控訴審が大詰めを迎えつつあった頃、各社の第一線記者たちはいわゆる灰色高官洗い出しのために、あらゆる知恵をしぼり策略をめぐらし、骨身を削る取材をしていたはずであった。「極秘」とされている資料こそ、絶対に入手すべきターゲットであり、貪欲さと執念、そして使命感をもたない記者は、ジャーナリストの名に値しない存在であることが理屈ぬきで実感される日々であった。報道の役割とは、民主主義の制度に新しい血液をそそぎつづけ、その腐敗や壊死《えし》を防ぐことにあるはずだからである。報道の自由が死んだり窒息しかけたとき、日本の政治は暗転の時期をむかえる。「国家秘密」の壁の前でたじろいではならないはずであった。

最後の証人坂本教授は、アメリカの例をひいて、政府に対する信託は無条件のものではなく、監視され、チェックされるところに民主主義のルールの根幹があることを指摘、伝統的に外交を「王の大権」として扱うイギリスにおいても、近年、秘密保持を行政府の特権とすることに重大な制限が加えられていることを証言した。政府の秘密保持を当然の権利と考えるところから出発している検察側の論理に対して、この証言はきわめて具体的で適切な反証であると思いつつ聞いた。

西山氏は三月十一日と五月十一日の二回、証言台に立って陳述をおこなった。問題がすりかえられ抽象化されて、「知る権利」と「国家秘密」に集約された法の舞台では、被告席の西山氏は裁判の圏外におかれていた観さえある。

三月十一日、検察官の質問に対する西山氏の陳述には、はじめて語られた重要な証言がふくまれている。蓮見さんとの関係について、

「(彼女は)好意的に取材に協力してくれたと思っております」

強制に類したことはなかったという答えである。蓮見さんが国家公務員法違反として有罪になったことについて「私なりに承知できません」と述べ、それに検察官が反問したのへ、「不当秘密を除けば、実質秘性がないということです」と陳述している。つまり国家秘密として扱われた公電はいずれも不当な秘密であって、法律をもって漏洩を禁止する実質をもたないこと、したがってその公電を外部へ洩らした蓮見さんが有罪になる理由はないという主張である。

さらに、西山氏は昭和四十六年六月十一日夜、パリの愛知・ロジャーズ会談で沖縄返還協定締結の直後、外務省高官とかわした会話の内容をあきらかにした。

西山　あなた方は沖縄返還交渉が大事であるというのであれば、このような肩代りをみせかけでごまかさずに、日本側が負担するのだと堂々天下に公表して信を問えばいいではないか。

某外務省高官　君のいう通りだ。事実もう肩代りしてしまったのだ。だが、このことはだまっていてくれ。

この問答がはじめて語られるのを聞きながら、私は西山・蓮見両氏が逮捕されて間もなくの新聞記事を思い出していた。それはワシントンからの新聞電報によるものである。

「米国務省のエリクソン日本部長は二十七日夜〔沖縄返還協定〕第四条3項の復元補償の

解釈は明確であって、そこに密約などが存在するはずはないし、米国務省は日本の野党の主張にいちいちコメントする立場にない、と述べた。しかしながら沖縄返還交渉の担当官のひとりであるマッケロイ氏は、第四条に基づいて米政府が支払う四百万ドルは、第七条に基づいて日本政府が米側に支払う三億二千万ドルの中に含まれていると語った」(『毎日新聞』昭和四十七年四月七日朝刊)

もちろん、この記事を正確に暗記していたわけではない。しかし、アメリカ当局者の中で、はっきり「肩代り」を認めた発言があったことは忘れるべくもなかった。

「知る権利」などという、ひびきはよいが、決定的な実効性を欠くスローガンをかかげ、狡智をめぐらした政府の後手後手へまわったのが《密約》事件であった。《密約》が存在したか否か、もっと明確なつめをする方法は残されていたのではなかったかというほろ苦い思いがこみあげてきた。マッケロイ氏への再インタビューを突破口にする努力は、私にさえできたことであった。また後手にまわらざるを得なかった理由として、西山氏が某外務省高官の発言の公表をこの法廷までもちこした弱点もふくまれるかも知れないという感慨もあり、傍聴席の固い椅子の座り心地はいっそう悪くなった。

それにしても、マッケロイ氏のこの発言は、「公電漏洩」によって動きはじめた事態がはじめて可能にしたものであることは疑う余地もない。その部分に蓮見さんと西山氏がいる。二人に最後の章までの役割を課すのは苛酷というべきなのである。

検察官は西山氏に対する質問の中で、意味の不確かな発言をした。

「私は素人なんで、必ずしも適当ではないかもしれませんけれども、何か合法的な占領をしていた米国ですら、沖縄において住民に加えた損害については、支払い義務を認めたということを両国間の協定に書くことは、非常に望ましいことのように思うんですけれども」

大野弁護士が異議を申し立て、確認をした。

「日本が肩代り支払いをしても、支払いの義務はあるという米国のみせかけを条約の文面にのこしたことは、国益上大事だと思わないのかというのが質問の意味ですか」

検察官は「そうです」と答えた。検察側が主張しつづけてきた〈国益〉の内実がどんなものであるかということ、そしてその対米姿勢がたくまずして浮きあがってくるようであった。

五月十一日、西山氏は、

「国家秘密はつねに乱用され、したがって取材の枠をひろげるべくチャレンジすることは新聞記者の使命と考える。……最近の政情をみるにつけても、沖縄返還条約の秘密を取材し、報道し得たことを誇りに思っている」

と述べて陳述を終った。

控訴審を通じて、検察官の論証しようとした内容は、きわめて密度を欠く、手ごたえのないものであった。五月十一日の検察側の「弁論要旨」提出に対し、二十七日の最終弁論の冒頭に、大野弁護人は「検察官の弁論要旨をみて感ずることは、一体当審では何が行われたか、それについて検察官はどのように考えたのだろうかということである」と述べている。まったく、検察側の控訴による第二審でありながら、ほとんど検察側は論証するところがなかった。

検察側弁論の要旨は、政府は秘密保持という手段によって国民に対する義務をいっそうよく果すと述べており、《密約》の存在を前提とするもろもろの主張には理由がなく、体を許した女性の弱みにつけこんで秘密漏示の決心をさせた点が「そそのかし」に該当するとしている。また報道機関の取材の正当行為性は、政府の秘密指定の要否によって拘束されると主張している。

私は、ロッキード問題で正念場に立たされている検察陣が、きわめて政治性の高いこの裁判の最終弁論をどんな表情で述べるのか、興味しんしんというところであった。しかし検察官は「弁論要旨」を書面で提出しただけで、私が期待したように読みあげることはせず、このことも第二審公判の印象を迫力のないものとした。

弁護側の最終弁論は、証人たちの証言内容と自由主義各国の関連判例(米国においても西独においても、この種のケースでは国側が敗訴、取材の自由を大幅に認めている)を引用しつつ、「本件は、外務省の役人が交渉経過を〝公表〟したことの合法性が問題とされているのではなく、新聞記者が外交交渉の経過を取材したことの合法性が問われている」ことを強く指摘した。

また検察側がひたすら準拠し力点をおいたプライベートな部分について、二人の間柄が蓮見事務官のイニシアチブによって終了するまでの事実関係を簡潔にのべ、通俗的な三文小説的基準の適用は厳重に排除されるべきことを述べた。

最後に立った伊達主任弁護人が、

「裁判は結論なのであります」

と力をこめて述べたのは、一般社会通念にとっては〝目つぶし〟的効果をもちかねない男女問題がらみのこの裁判について、問われている本質を見失うことなく、無罪の判決がなされるべきものであることを強く迫るものであった。

そして、七月二十日――。東京高裁は一審判決をくつがえし、西山氏に懲役四ヵ月、執行猶予一年の有罪の判決をくだしたのである。裁判長は判決理由の要所だけを、聞きとりにくい低い声で、早口に読んだ。それは、田中前首相逮捕の一週間前の法廷風景となった。

第一審の判決では、その判決文の論旨の晦渋さに辟易させられたが、控訴審のそれはさらに何倍もわかりにくいものであった。どんな文脈であるか、参考までにその一節を引用してみる。

「国家秘密とされている情報の報道自体を抑止する法律は、現行法には存在しないのであるが、国公法一一一条所定の同法一〇九条一二号の行為のそそのかしの概念を、原判決のように広義に解するにおいては、報道目的でする秘密情報の取材行為が制約をうけ、その結果、国家秘密とされている情報について、政府のコントロールをうけることなく報道することそのものが、不可避的に抑制されることになる効果が生じ、ひいては、憲法二一条の保障が著しく損なわれることになりかねないから、公務員に対する秘密漏示のしょうよう行為のうち、報道機関の適正な取材活動として憲法上保護されているものを、国公法一一一条所定の同法一〇九条一二号の行為のそそのかし罪の規定の適用の範囲外におく合憲的な限定解釈が加えられ、構成要件として明確な限定がなされることが必要である」

つまり、国公法の「そそのかし」とはなにか、もっと限定しないと、憲法が保障している言論の自由を損うことになるというのが大意で、この部分は、第一審判決よりも前向きであるとする評価もある。しかし、日本語は、もっと論理的で明解な文章を書くのに十分な語彙と作法をもっているのではないだろうか。

では、第二審判決でいうところの「そそのかし」とはなんであるのか。判決理由によれば、「取材の対象となる公務員が、秘密漏示行為に出るかどうかについて、自由な意思決定をすることを不可能とする程度の手段方法を伴ってなされる秘密漏示行為のしょうよう行為、及び取材者の加えた影響力により、取材の対象となる公務員が、秘密漏示行為に出るかどうかについて、自由な意思決定をすることが不可能になっていることを認識し、その状態を利用してなされる秘密漏示行為をしょうようする行為」がそれに該当するという。「自由な意思決定をすることを不可能とする程度の手段方法」とは、きわめて主観的なもので、およそ、法律の表現には似つかわしくない。どのようにも拡大して適用できる。そして西山氏と蓮見氏の間に実際になにがあったか、蓮見さん一人が証言し、ニュース・ソースを秘匿し得なかった弱点故に西山氏の側はあえてその内実を争うことを放棄した。検察側はきわめて安直に蓮見証言を援用することでこと足れりとしている。

この判決はまた、「秘密」についての解釈をおこなっている。「真正秘密」(もし洩れれば国家の利益に反すると判断される秘密)と、「擬似秘密」(時の政府の政治的利益のため、特定の情報を秘匿する目的で秘密指定されたもの)とがあり、たとえ国公法一一一条、一〇九条一二号の罪に該当するケースであっても、対象となった秘密が擬似秘密であるという判断のもとでしょうよう行為がなされたということが、「確実な資料や根拠に照らし相当の理由があると客観的にも肯認しうる場合」、国公法の罪が成立しない場合があるというのである。

さらに、「擬似秘密」の中には「違法秘密」と呼ぶべきものがあり得るという。これは、「政府が憲法上授権されていない事項に関し行動したことを秘匿するため秘密指定」したもので、この場合も、さまざまな留保をつけ、「刑事免責がなされる余地がないわけではない」と述べている。

国家公務員の守秘義務という厚い壁の中にある国家秘密の、どれが真正秘密であり、あるいは擬似秘密であり、違法秘密であるのか、なにによって取材者は判断できるだろうか。これほど取材の実態と国家秘密の実状から遊離し、現実性を欠いた判断があるだろうか。前段で、憲法第二十一条との関連において「そそのかし」行為を限定し、取材の枠をひろげたかにみせながら、ここまで読むと、合法的に国家秘密へ近づく道はすべて封印されていることを感じる。

問題の公電三通のうち、二通は「秘密」の証明が不十分であるとして、この二通は「そそのかし」罪が成立しないとし、五月二十八日の愛知・マイヤー会談関係の書類もちだしを依頼した件について、第一審が無罪としたのをくつがえし、有罪とした。二通の公電を擬似秘密と認めても、「包括一罪の関係」で訴追されているとして、原判決の西山被告に関する部分は全部破棄をまぬがれないというのであるから、判決のいう擬似秘密云々は実質的にはなんの意味ももち得ないように私には思える。

さらに、判決理由はいう。「客観的にみても、事柄の性質上、たとえ弁護人主張のような〔外交上の〕からくりがあったとしても、現憲法機構を瓦解ないし崩潰させるに足りる程重大な違法秘密とは到底認められないから」、取材者のそそのかし行為は、「違法性が阻却される場合に当たると認める余地も存在しないと認められる」。

つまり、佐藤内閣の肩代り密約は重大な違法秘密とはいえないといって救い、一方、その《密約》にかかわる公電持出しをしょうようした西山氏の違法性はまぬがれないというのである。逆児《さかご》のようにねじれ、事の軽重が正反対になっていると私は考えつづけてきたが、この判決は私の何年越しの思考と執着を、軽く一蹴した。

つぎに、蓮見さんとの個人的な関係について、「肉体関係ができたので、頼めば役所の書類を見せてもらえるのではないかと考え、同女が改めてその指示に従うかどうかにつき意思決定をするゆとりのない状態になっていることを知りながら」書類のもちだしをそそのかしたのであると断定して、有罪の理由とした。

この判決の日の午後、私はまだ法廷の熱がのこっている状態で短い文章を書き、「映画『真昼の暗黒』では、無実の主張がいれられなかった被告が、鉄格子につかまって『最高裁がある！』と叫んだ。私たちは今、そう素直にいえるのだろうか」と結んだ。

私は、最高裁が最終的に法の正義を証明し、憲法の番人としての役割を果して、人々が素直に「最高裁がある」と安んじていられる事態をつよく期待もし願ってもいたから、あえてこう書いたのである。

西山氏はただちに上告の手つづきをとり、一方、蓮見さんはこの判決について、坂田弁護士を通じて、

「今まで自分だけが有罪になって、そそのかした方が無罪であったのは、納得できない気持ちだった。今回、西山被告も有罪になって、やっと納得した。有罪になるのは、当然と思う」

と語ったということであった（『読売新聞』七月二十日夕刊）。

七月二十一日、『朝日』の「天声人語」は、

「判決が『通常の秘密取材は認める』としたことは評価すべきだろうが、四十代の社会人である女性事務官が『自由な意思決定をする心のゆとりのない状態』でそそのかされたというのはどういうことか。そうきめつけることは、ある意味では女性の人格べっ視にもなる、とはいえまいか」

と書いている。

舞台は最高裁に移ることになった。三宅坂に新築されたいささか威圧的な建物は、私好みのものではない。しかし、建造物についての好悪は二の次であり、私は最高裁への傍聴のため、あの建物へ足を踏みいれる日の来ることを観念し、待っていた。

控訴審判決から一年十ヵ月、昭和五十三年五月三十一日、最高裁は突然、

「本件上告を棄却する」

という決定を下した。決定は六月一日夜に通知され、報道は二日朝になされた。

「最高裁へ傍聴に」とは、なんと無防備な発想だったのだろうか。一度の弁論さえ開くことなく、岸盛一裁判長による最高裁第一小法廷は、裁判官五人の全員の意見一致によって、この決定に到達したという。岸盛一（裁判官出身）、岸上康夫（裁判官出身）、団藤重光（元東大法学部長）、藤崎萬里（外交官出身）、本山亨（弁護士出身）の五氏がこの構成メンバーである。

《密約》のなされた時点から考えれば七年目、佐藤前首相はノーベル平和賞の「光輝」に包まれて世を去り、担当外務大臣であった愛知揆一氏も他界、当時大蔵大臣として、「四百万ドル」の支出に決済をした福田赳夫氏は現在の政権担当者である。

最高裁が上告を棄却し、二審判決を支持した理由、この事件に対する最高裁独自の判断が織りこまれている「職権による判断」の全文をここに引用する。まず余計な注釈ぬきで、

上告棄却の最高裁の姿勢をみてほしいからである。

〈職権による判断〉

一　国家公務員法一〇九条一二号、一〇〇条一項にいう秘密とは、非公知の事実であって、実質的にもそれを秘密として保護するに値すると認められるものをいい、その判定は司法判断に服するものである。

原判決が認定したところによれば、本件第一〇三四号電信文案には、昭和四六年五月二八日に愛知外務大臣とマイヤー駐日米国大使との間でなされた、いわゆる沖縄返還協定に関する会議の概要が記載され、その内容は非公知の事実であるというのである。そして、条約や協定の締結を目的とする外交交渉の過程で行われる会談の具体的内容については、当事国が公開しないという国際的外交慣行が存在するのであり、これが漏示されると相手国ばかりでなく第三国の不信を招き、当該外交交渉のみならず、将来における外交交渉の効果的遂行が阻害される危険性があるものというべきであるから、本件第一〇三四号電信文案の内容は、実質的にも秘密として保護するに値するものと認められる。右電信文案中に含まれている原判示対米請求権問題の財源については、日米双方の交渉担当者において、円滑な交渉妥結をはかるため、それぞれの対内関係の考慮上秘匿することを必要としたもののようであるが、わが国においては早晩国会における政府の政治責任として討議批判されるべきであったもので、政府が右のいわゆる密約によって憲法秩序に抵触するとまでいえるような行動をしたものではないのであって、違法秘密といわれるべきものではなく、この点も外交交渉の一部をなすものとして実質的に秘密として保護するに値するものである。したがって右電信文案に違法秘密に属する事項が含まれていると主張する所論はその前提を欠き、右電信文案が国家公務員法一〇九条一二号、一〇〇条一項にいう秘密にあたるとした原判断は相当である。

二　国家公務員法一一一条にいう同法一〇九条一二号、一〇〇条一項所定の行為の「そそのかし」とは、右一〇九条一二号、一〇〇条一項所定の秘密漏示行為を実行させる目的をもって、公務員に対し、その行為を実行する決意を新に生じさせるに足りる慫慂《しょうよう》行為をすることを意味するものと解するのが相当であるところ、原判決が認定したところによると、被告人は毎日新聞社東京本社編集局政治部に勤務し、外務省担当記者であった者であるが、当時外務事務官として原判示職務を担当していた蓮見喜久子と原判示「ホテル山王」で肉体関係をもった直後、「取材に困っている、助けると思って安川審議官のところに来る書類を見せてくれ。君や外務省には絶対に迷惑をかけない。特に沖縄関係の秘密文書を頼む。」という趣旨の依頼をして懇願し、一応同女の受諾を得たうえ、さらに、原判示秋元政策研究所事務所において、同女に対し「五月二八日愛知外務大臣とマイヤー大使とが請求権問題で会談するので、その関係書類を持ち出してもらいたい。」旨申し向けたというのであるから、被告人の右行為は、国家公務員法一一一条、一〇九条一二号、一〇〇条一項の「そそのかし」にあたるものというべきである。

ところで、報道機関の国政に関する報道は、民主主義社会において、国民が国政に関与するにつき、重要な判断の資料を提供し、いわゆる国民の知る権利に奉仕するものであるから、報道の自由は、憲法二一条が保障する表現の自由のうちでも特に重要なものであり、また、このような報道が正しい内容をもつためには、報道のための取材の自由もまた、憲法二一条の精神に照らし、十分尊重に値するものといわなければならない。そして、報道機関の国政に関する取材行為は、国家秘密の探知という点で公務員の守秘義務と対立拮抗するものであり、時としては誘導・唆誘的性質を伴うものであるから、報道機関が取材の目的で公務員に対し秘密を漏示するようにそそのかしたからといって、そのことだけで、直ちに当該行為の違法性が推定されるものと解するのは相当ではなく、報道機関が公務員に対し根気強く執拗に説得ないし要請を続けることは、それが真に報道の目的からでたものであり、その手段・方法が法秩序全体の精神に照らし相当なものとして社会観念上是認されるものである限りは、実質的に違法性を欠き正当な業務行為というべきである。しかしながら、報道機関といえども、取材に関し他人の権利・自由を不当に侵害することのできる特権を有するものでないことはいうまでもなく、取材の手段・方法が贈賄、脅迫、強要等の一般の刑罰法令に触れる行為を伴う場合は勿論、その手段・方法が一般の刑罰法令に触れないものであっても、取材対象者の個人としての人格の尊厳を著しく蹂躙する等法秩序全体の精神に照らし社会観念上是認することのできない態様のものである場合にも、正当な取材活動の範囲を逸脱し違法性を帯びるものといわなければならない。これを本件についてみると、原判決及び記録によれば、被告人は、昭和四六年五月一八日頃、従前それほど親交のあったわけでもなく、また愛情を寄せていたものでもない前記蓮見をはじめて誘って一夕の酒食を共にしたうえ、かなり強引に同女と肉体関係をもち、さらに、同月二二日原判示「ホテル山王」に誘って再び肉体関係をもった直後に、前記のように秘密文書の持出しを依頼して懇願し、同女の一応の受諾を得、さらに、電話でその決断を促し、その後も同女との関係を継続して、同女が被告人との右関係のため、その依頼を拒み難い心理状態になったのに乗じ、以後十数回にわたり秘密文書の持出しをさせていたもので、本件そそのかし行為もその一環としてなされたものであるところ、同年六月一七日いわゆる沖縄返還協定が締結され、もはや取材の必要がなくなり、同月二八日被告人が渡米して八月上旬帰国した後は、同女に対する態度を急変して他人行儀となり、同女との関係も立消えとなり、加えて、被告人は、本件第一〇三四号電信文案については、その情報源が外務省内部の特定の者にあることが容易に判明するようなその写を国会議員に交付していることなどが認められる。そのような被告人の一連の行為を通じてみるに、被告人は、当初から秘密文書を入手するための手段として利用する意図で右蓮見と肉体関係を持ち、同女が右関係のため被告人の依頼を拒み難い心理状態に陥ったことに乗じて秘密文書を持ち出させたが、同女を利用する必要がなくなるや、同女との右関係を消滅させその後は同女を顧みなくなったものであって、取材対象者である蓮見の個人としての人格の尊厳を著しく蹂躪したものといわざるをえず、このような被告人の取材行為は、その手段・方法において法秩序全体の精神に照らし社会観念上、到底是認することのできない不相当なものであるから、正当な取材活動の範囲を逸脱しているものというべきである。

三　以上の次第であるから、被告人の行為は、国家公務員法一一一条（一〇九条一二号、一〇〇条一項）の罪を構成するものというべきであり、原判決はその結論において正当である。

よって、刑訴法四一四条、三八六条一項三号により、裁判官全員一致の意見で、主文のとおり決定する。（注・判例の記載部分は省略した）

これが、《密約》裁判の終幕である。法律上はすべてが終り、西山氏の懲役四ヵ月執行猶予一年の刑は確定した。

六月一日深夜、弁護団から電話で通知を受けた西山氏は、

「現在は、個人的意見をいう立場にない。蓮見さんの人格の尊厳を傷つけたという最高裁の事実認定について、言いたいことはあるが、くやしまぎれととられても困るので差しひかえる」

と語ったという(六月二日各紙夕刊)。北九州市の西山家は二日朝、固く雨戸をとざし、勤めさきにも西山氏の姿はなかったと書かれている。

一方、蓮見喜久子元外務事務官は、二日午前十時のテレビ・ニュースで「一件落着」を知って、坂田治吉弁護士に電話をかけてき、

「これで終わったんですねッ」

と上ずったような声で、興奮気味であったという。この「第一声」につづく蓮見さんの発言について、二日の『読売新聞』夕刊の記事をそのまま引用する。

「『これでやっと胸のつかえが晴れました。わたしが有罪となり西山さんが無罪となったら、日本の裁判を疑い、信用できないような気持ちになっていたでしょう。(この日の棄却で)やっぱり、日本の裁判を信頼する気になって、うれしい』——と続けて心境を伝えた。

蓮見さんは姓も変わり、首都圏に住みながら、小さな会社の帳簿係をしている。一審判決後は、ショックと疲れで半年ほど自宅に引きこもっていたが、再就職してからは『いま

の仕事をコツコツと続け、一日も早く事件のことを忘れたい』と坂田弁護士に話しているそうだ」

男と女。加害と被害の関係。「利用され捨てられた哀れな被害者」という女のかくれみのに身をひそめて、被害者でありながら同時に歴史の一つの真実をめぐる争いで責任ある役割を演じる――。蓮見さんのおかれた立場に寄りそおうと努めつつ、私はむごいようだが、彼女がいさぎよく被害者意識を捨て去って、公電持出しにかかわった事実の重さを胸をはって受けとめてくれることを願いつづけてきた。それが、男女関係にあって傷を負った人間が立ち直るための、唯一つの特効薬であることを知っていたからである。

蓮見さんの発言は、坂田弁護士を経過していて間接的なものではあるが、第一審、そして第二審判決に対するコメントと、すべて一貫している。これが蓮見さんのいつわりのない声なのであろう。

ほろ苦い思いにさらに追い討ちをかけるような記事が、六月二日付『朝日新聞』夕刊にのっている。各界の識者が各様の発言をしている中に、

《卑劣だった取材法》

とゴチックの見出しで書かれているコメントである。

「西山元記者は、国民の知る権利を行使して、国民として当然のことをやってくれたので、

犯罪にすべきではないと思う。ただ、その取材の方法が、女の人を脅迫するみたいなやり方で、卑劣だった。いくらかの刑罰は仕方ないと思っていた。こんどの決定は懲役ということで重そうだが、執行猶予つきでもあり、あれくらいはやむをえないだろう」

発言者は、参議院議員の市川房枝氏である。犯罪にすべきでないものを、たとえ執行猶予つきであるにもせよ、有罪にしたということは、犯罪にしたということである。

「女の人を脅迫するみたいなやり方で、卑劣だった」という判定はなにを根拠にしてされたのか。大きな政治的背景をもつ事件がみごとにすりかえられた結果、そこにいわばいけにえのように残され裁かれた男と女のありようだけを云々することは、露骨なすりかえ劇にすっかり乗せられ、本質を見失うことになる。大先輩に対して失礼とは思うが、政治家としての市川房枝氏には、もっとことの本質を透視する眼をもっていただきたかった。市川氏の発言のマイナス効果は、市川さん自身が考えておられるよりはるかに大きいはずである。

事態がねじまげられ歪められるきっかけとなった男女のありようと、国会と主権者に対する政権担当者の背信、欺瞞性との軽重をはかる姿勢——。その姿勢と本質をみる複眼をもたなければ、相手の「目つぶし」は効果的に作用する。いわゆる「情通」問題で、どんなに薄汚れドロドロした風評が流されていようとも、問題の本質にかわりはないはずなのである。

最高裁の決定は、国公法でいうところの「秘密」の判定は、「司法判断に服する」としている。「司法判断」を楽天的に信じていられるのだろうか。最高裁判事の任命権をもっているのは内閣なのである。

また、対米請求権問題の財源について、「早晩国会における政府の政治責任として討議批判されるべきであったもの」としているが、国会においては、そのような努力はまったくなされず、逆に否認と欺瞞に終始したことから、横路議員による公電提示がなされ、この裁判にいたる端緒がひらかれているのである。

報道の自由について、憲法第二十一条が保障する表現の自由のうちでも特に重要であり、報道の自由、取材の自由も十分尊重に値すると一応の理解を示してはいる。

しかし、「その手段・方法が法秩序全体の精神に照らし相当なものとして社会観念上是認されるもの」と限定し、その手段・方法が、一般の刑罰法令にふれなくても「取材対象者の個人としての人格の尊厳を著しく蹂躪する等法秩序全体の精神に照らし社会観念上是認することのできない態様のものである場合にも、正当な取材活動の範囲を逸脱し違法性を帯びるものといわなければならない」としている。

一見、まことにもっともな論旨である。しかし、「人格の尊厳」「社会観念」の実態を、なんによって判断するのであろうか。「人格の尊厳」など敝履《へいり》の如く踏みにじられ、かえりみられなかった日々から、まだ三十余年しかたっていないのである。そして、憲法や民法が変ったのちも、人々の意識が変るには長い時間と訓練を必要とする。旧態依然の陰湿な精神風土を残している現実にあって、「社会観念」をよりどころにすることは、取材・報道の自由に対して、定型のない鉄の枷《かせ》をはめることになりかねない。

さらに、「当初から秘密文書を入手するための手段として利用する意図で右蓮見と肉体関係を持ち」「蓮見の人格の尊厳を著しく蹂躪した」と、憤りの口吻すら感じられる断定がある。最高裁の五人の裁判官は、なんによってこう断定し得たのだろうか。

一、二審を通じて、検察官さえ、昭和四十六年五月十八日の出来事を偶発的なものとみなすにとどまっている。一方的な蓮見証言からさえ、それ以上の「事実」をひきだせなかったからである。最高裁が、一度の弁論も開かず、一、二審を上廻る立ちいった判断をした根拠を聞きたい。

最高裁の今回の決定は、「西山被告人」に対する悪意と偏見にいろどられているといえば、言い過ぎになろうか。「報道の自由」を認め、取材の自由を「十分に尊重に値するもの」といっているのは、憲法の番人であり、逆に憲法の制約下にある最高裁としては当然のことで、要は、「集会、結社及び言論、出版その他一切の表現の自由は、これを保障する」

と留保の余地ない憲法の条文に照らし、そこにからんでくるもろもろの諸要件をいかに裁き、「表現の自由」の実質をいかに守るかというところに、最高裁に課せられた役割と職務があるはずである。

さきごろの最高裁長官による「弁護人ぬき裁判」立法化支持の発言、下級審がつみあげてきた無罪判決に対する原判決破棄　あるいは上告棄却の例が目につくようになった現在の最高裁は、いつか国家権力の意思の代弁者となるのではないかという危惧をおぼえずにはいられない。それは、長期的にみれば、権力そのものにとっての不幸でもあるはずである。最高裁は「まだ最高裁がある」という人々の素朴な信託に十分答え得る裁判所でなければならないはずなのである。

その最高裁が、今回の決定では、「女性の人格の尊厳」を論じている。そのこと自体はまことに喜ぶべきことであるかも知れないが、報道取材の自由に対置させ、一言の釈明の余地もないと一人の新聞記者を断罪するべく、そのきめてとして大上段にふりかざされている。日頃はあまり尊重されることのない「女性の人格の尊厳」が、こういう場面において最大限の効果を発揮させられるとは、なんと皮肉なことなのだろう。

「最高裁は、あの四十七年四月十五日の起訴状の姿勢をそっくりうけついで、この裁判をしめくくった」というのが私の率直な感想である。

私は前途のみえない日々を送っていた一日、ふと思いたって不馴れな法廷へ傍聴に行った。人生とは出会いであるというが、あの雷鳴の午後、私はまさに《密約》事件と出会ってしまったといえよう。蓮見さんと話しあい、蓮見さんに立ち直ってもらいたいというのが私の出発点であり、そこから、それまでは目に見えなかった事件の本質、裁判の意味を知り、そして蓮見さんの演じている客観的役割への批判というふうに、私の関心は変化していった。

第一審を見届け、控訴審のはじまる前に、未完の『密約』を書いたのは、あの時点で誰かがやらなければならない仕事と考えたからであり、あえて火中の栗を拾うことを覚悟したからでもある。

蓮見さんも西山さんも無罪になり、それぞれ心に傷は残しながら新しい人生を生きてゆく——。そして政府によって投げられた「情を通じ」云々のブーメランを、こちらが逆に投げ返して、「それが事の本質にとってどんな意味があるのか」とはね返せるようであったら、「民主主義」は、確実な手ごたえのあるひとつの実績をのこしたであろう。当事者たちにとっては苛酷で辛い試練であったとしても、事はすでに起き、検察側の起訴状によって、プライバシーは白日のもとにさらされてしまっていたのである。あとは、その現実に居直って、たたかうしか道はなかった。

西山氏が、蓮見さん関係でしいて争わなかったことがよかったのかどうか、私は今では疑問をもっている。

第一審では、傷つけ、生活を破壊したニュース・ソースへの配慮として、紳士的というか、事の本質をめぐる争いに限定したことに意義を認める。それで無罪が確定したのであれば、西山氏がすべての非難を一身にとどめて、沈黙を守ることに意味があった。

しかし、最高裁の決定から逆に第一審をふり返ると、検察側が「下半身問題」の一点に集約して有罪にもちこもうとする意図は明瞭であったのであり、西山氏の勝敗が、氏一人の問題にかぎられず、報道取材の自由、憲法の解釈、政治責任のあり方と、多面な関連性をひきずっていたことを思えば、あえて泥まみれになるたたかいがあってもよかったのではないかと思えてくる。

「一日も早く忘れてもらいたい」と蓮見さんは語っているという。しかし、蓮見さんはこの《密約》裁判の鍵を握るただ一人の人間として終始した。その結果が取材記者側の全面的な敗訴である。彼女の証言内容の真贋にたちいることのできるのは、西山氏ただ一人しかなかった。裁く側が論点をすりかえ、蓮見証言ひとつを根拠に最高裁が決定を下したことを考えれば、あまりにきれいごとしすぎた裁判であったような気がしてならない。その「フェアプレイ」の通用する最高裁ではなかったからである。

ともかく、《密約》事件は終った。ほんとうに終ったといえるだろうか。

昭和四十六年の沖縄返還交渉の大づめの時期、アメリカはベトナム戦争への不法介入の真相を語る「ベトナム文書《ペンタゴン・ペーパー》」のリーク問題の渦中にあった。米国政府は『ニューヨーク・タイムス』に対する掲載中止の仮処分を申請、「知る権利」を断固守ると主張する新聞社に対し、連邦地裁は掲載差止めを命じた。

「国家の安全か言論の自由か」という世論のたかまりの中で、『ニューヨーク・タイムス』は掲載差止め撤回の訴えを起す。

ついで、ベトナム報告書の提供者は、元国防総省職員のエルズバーグ氏であることを、『ニューヨーク・タイムス』の記者が地方放送局のインタビューであきらかにする。あえてニュース・ソースをさらしたのである。

連邦地裁は、知る権利が優先するとして、ペンタゴン・ペーパーの恒久差止めを却下する判決を下し、新聞社側の勝訴となった。そして、ベトナム文書は全米各紙に拡大していった。

六月二十五日、「極秘文書」不法所持で、米司法省はエルズバーグ氏の刑事責任を追及するとして、逮捕状を出した。

二十八日、エルズバーグ氏は秘密漏洩の事実を認めて連邦捜査局に出頭する。エルズバーグ氏は群衆にかこまれながら、「戦死者を思えば情報提供はおそすぎた」とインタビューに答えているが、その右腕は妻のパトリシアさんをかばうようにささえていた。

エルズバーグ氏はその後、四十八年五月十一日、ロサンゼルスの連邦地方裁判所で、公訴棄却をいいわたされ、裁かれることはなかった。裁判長は、政府が前代未聞のうしろぐらい行動をかさね、それをひたかくしにしてきた点を指摘、これ以上政府に時間を貸して、その弁明を聞くのは無駄であるとして、いっさいの公訴を棄却、さらに裁判の無効を宣言したという。

知る権利の全面勝利万歳といいたいところだが、もし裁判がおこなわれれば、ケネディ政権からニクソン政権にわたるアメリカ政治のかくされた恥部が明るみに出る公算が大きかった。その点を顧慮した連邦地裁の決定と考えれば、アメリカにおいても政治と司法のからみあいの微妙な影は存在する。アメリカはたしかに日本より数歩か数十歩さきを歩いているが、すべてが理想通りに運んでいるわけのものでもない。

そして、私たちの国ではどうなのだろうか。

真実とか正義が、いつもキラキラと純粋な結晶のように存在し、また、事の軽重を十分にはかって、「確信犯」として行動する人々だけが事態を動かしているのであれば、私たちの前途は希望に満ち、よき日の到来が約束されているといえるのかも知れない。

しかし、私たちがおかれている歴史状況にあっては、真実も正義も、大切なものほど泥にまみれ汚辱に包まれている可能性の方が大きい。その余計な夾雑物をかきわけて、事の本質を見究めようとする意識的な努力がつみかさねられない限り、これから私たちが生きてゆく時間の長さだけではあまり意味はないはずである。

アメリカの場合は、特定の限定はあるにしても、すべての国家文書は、一定年限ののちに公開されるという原則をもっている。アメリカの「情報公開法」は、一九六六年に連邦議会で制定され、一九七四年に大幅に改正されたものであるというが、これは、アメリカのジャーナリストのねばりづよい運動の結果であるという(一橋大助教授堀部政男氏「請求権としての『知る権利』」昭和五十一年四月十二日『毎日新聞』)。

日本では憲法第六十二条に国政調査権なるものがあるが、その行使をはばむ国家公務員法その他があって、いわば死文となっている。

だが、憲法第二十一条が保障した「表現の自由」は、本来無条件に認められるべきものであり、その前提にたって、国家機密、外交秘密をふくむすべての資料が、ある年限ののちに公開されるという立法措置がなされるべきではないだろうか。

やがて「公開」される前提のもとでは、いかなる政治家も官僚も、おのずからその姿勢を正さざるを得ず、国会や法廷において偽証をおこない、あるいは忘失をよそおって事実を陰蔽するなどの行為をなすことに「おそれ」を感じるはずである。このチェック・アンド・バランスなくして、民主政治も報道の自由も知る権利も、しょせんはみせかけであり、から念仏に終るのではないかと思う。

最後に、蓮見さんについて。

今度改めて蓮見さんに関する取材メモを読み返してみた。同年同月生れ、苦学生としての青春と闘病、努力していわば這いあがった人生として、蓮見さんと私とは共通項をもっているると最初の稿に書いた。

しかし、「二十年三月、京橋第一国民学校卒業」の一行の意味を、私はやはり深くは考えなかったようである。同じ学齢の私は、十八年三月に国民学校を修了し、旧制の女学校へ進んだ。当時の義務教育は八年で、国民学校を卒業するためには、さらに高等科で二年学ぶという人生があったことを私は見落していたのである。

小学校あるいは高等小学校卒業という学歴が、その人の終生を縛り、学歴のある人々へのいわれのない劣等感を生み、近隣の人々にその学歴を知られることをおそれながら人生を終った人々を私は知っている。私の母もその一人であった。

ほとんどの学童が中学校や女学校へすすむ中で、高等科へ席をおかなければならなかった少女の疎外感。しかも東京は大空襲の火におびやかされる日々である。

蓮見さんが過去に背負っている傷手は、私などの思いのはるかに及ばぬ部分があるのであろう。その点について思いをめぐらせば、痛ましさに心が疼く。

しかし、自力で外務事務官のポストを得た四十路の女が、人形のように相手の一方的な意思によって蹂躪されたというのは、あきらかに誇張であり、ためにする嘘がある。そして仮に、西山氏が「悪意の誘惑者」の一面をもっていたとしても、哀れな被害者という意識に埋没することを自らに許せない誇りを、蓮見さんにもってもらいたかったと思う。

おのれ自身に密着させて事件を考えるところから、空を舞う鳥のように全体の状況を俯瞰するところまでなんとか脱皮してほしい、そのとき、蓮見さんはある歴史の証人として責任をまぬがれがたいことに気づくはずであると、しつこく私は考えつづけてきた。《密約》をめぐる一冊を書いたのも、ひとつのよびかけのつもりであった。

しかし、もしすべてを見通した上で、蓮見さんがあえてひとつの役割を選んだのであるのなら、すべては徒労であったことになる。徒労であったとはまだ思いたくない。

裁判は終った。「終り」はつねに「はじまり」である。最高裁決定によって《密約》事件がひとつの結着をみた今、いかに民主政治を守り育ててゆくのか、私たち自身が問われる新しい局面が目の前にある。《密約》裁判に集約されるすべての課題を背負って、私たちは新しい日々、新たな出発に直面しているというべきではないのだろうか。

あとがき

裁判としては進行途中にあった「外務省機密漏洩事件」について書き、その後控訴審の傍聴に通いながら、この裁判の終る日のことをいつも心のどこかで考えていた。その最終的な結末が、十分得心のゆくものであるようにという願いが、心の底にあった。

結果において、私自身も敗れ去った者の一人であるのかも知れない。去る六月一日に聞いた最高裁決定に、心残りという以上のものがある。

この決定は、現在の政治のありようをめぐって、主権者である国民へのひとつの挑戦であるのかも知れない。どんな目つぶしをくらっても、私たちは目をくらまされることなく、信じるところにしたがい、自ら信じるところを語りつづけてゆく。それが持続できるか否か、試される日がはじまったのだといえそうである。

『密約』の旧版は、地味な仕事ではあったが、思わぬ読者と支持者を得た。

もし早くに子供を生んでいれば、私の息子か娘のような年頃の若いジャーナリストから、『密約』に刺戟されてジャーナリストの道を選んだという打明け話を一度ならず聞いた。

ものかきとしての私を、『密約』の一冊によって知って下さり、認めて下さる人々にもたくさん出会った。それはきわめて倖せな出会いであった。

最高裁の決定がなされ、西山氏有罪は確定、《密約》裁判は終った。いつか書くことになると予想していた最後の一章を、こういう形で書かなければならないことは、私個人の感情は別としても、この社会にとって不幸なことであると思う。

しかし「不幸」をそのまま実りのないマイナスの果実とすることなく、この事件の本質を見すえるところから私たちはまた歩きはじめるべきなのであろう。

この事件にかかわった蓮見さんと同世代の女として、私はこの本を書かずにいられなかった。今、控訴審の経過と最高裁の決定までを新たな一章として書きおこし、改めて『密約』を読んでいただこうとしている。私にとって、愛してやまないわが子のようなこの本が、心ある人々によってしっかり受けとめられることを心から願っている。

一九七八年七月

解　説

五味川純平

忘れられていることがある。法は可変的なものであって、国民の存在こそは不変なのだということである。

現実にはどうか。国民の存在が形式的にもせよ重要視されるのは選挙のときだけであって、ほとんどいつも法は無辜《むこ》の国民を威圧し、あまりにしばしば権力を濫用する者を庇護することに役立ち、行政官僚は常習的に国民をないがしろにし、国民を愚弄することに優越感を覚えるかのようである。

もし民主主義が国家の基本則であって、みせかけだけのごまかしでないのならば、国民は真実を知る権利があって、当然その権利を実現するための知る努力を必要とする。

日本では、残念なことに、事は概ねそうはなっていないのである。民主主義はうわべだけのことに過ぎず、国民は知る権利のあることを知らず、知っていても知ろうとする努力を怠っているのが一般である。

それが、官僚組織がはびこり、官僚意識が優越感を伴っている理由の重要な一つの側面である。

「密約」に類することは、実際には国民の眼の届かないところで多々行われているであろう。本書の「密約」がたまたま国民の前にクロース・アップされたに過ぎない。防衛問題にせよ、経済問題にせよ、肝腎なことに関して国民は聾桟敷に置かれているのが常である。

本書の「密約」は国民の前にクロース・アップされたが、その仕方は、「情を通じ」云々という卑俗きわまる表現宣伝によって、政治の恥部と欺瞞を隠蔽しようとする意図の下に行われた。

「情を通じ」たからどうだというのか。子供ではあるまいし、情を通じるか否かは、男女当事者同士の自由意志である。西山記者の情報入手の経路がスパイ小説もどきの高等科学的経路でなかっただけのことである。

権力側が外国と重大な密約を行なった。国民は当然知る権利があった。その権利を阻む官僚組織の壁が厚かった。一人の記者がその壁を透して隠された事実を明らかにしようとした。官僚組織内の一人の女性がそれに関係した。事件を簡略に図式化すれば、それだけのことなのである。

諸悪の根源は、民主主義の基本則を無視している官僚政治の独善と専横にある。国民の側からの抵抗と反撥と挑戦があるのは当然である。

密約事件は、政治と国民の関係、法と国民の関係の、また、民主主義が基本的な部分で既に死んでいることの、一つの縮図であった。

本書の著者と私とは、過去、九年間、一つの作業に協同して努力を集中したことがある。私にとって彼女はまたと得難いパートナーであった。「あった」というのは、彼女は既に独立して、立派な仕事を六つも成し遂げているのである。書くことを志したからには、普通なら、いい仕事を五つや六つ書き上げるのはあたりまえのことかもしれない。彼女が甘受しなければならなかった運命は、しかし、「普通」ではなかったのである。

著者は次のように書かれることを好まないかもしれない。だが、私は凄まじいと思うから敢て書くのだが、彼女は二度までも心臓手術を受け、心臓疾患の後遺症を背負いつづけ、息を切らせ、心臓をガタガタいわせながら、資料の密林へ踏み入り、丹念に取材してまわり、コツコツと良心的な著作に仕上げている。その執念と努力と気魄たるや、強壮な大の男のなかにもめったに見当らない。しばしば、自分のペースを心得ないマラソン・ランナーのように走り過ぎて倒れてしまうことがあるのが、彼女の欠点といえばいえよう。

著者の著述家としての特質は、男性的思考と女性的情念を渾然と併せ持っていることである。「男性的」「女性的」という表現が適当でないとすれば、論理的でダイナミックな思考方法と多潤で熱い情念といってもよかろう。どの作品も硬質な文体に情感が溢れている。彼女は稀有の著作家である。かつてのパートナーだから過大評価するのではない。まじめな著作家が少な過ぎるのである。彼女は女流流行作家でもなければ、著名なノンフィクション・ライターでもない。だが、彼女は、歴史と人生のすぐれた証言を書き綴っている。心底まじめでなければ、出来ない仕事ばかりである。

推察するに、解放されることのない疾患をかかえて、生きることを耐え難く思うことも再々あるであろう。なまなかな慰めや励ましは、彼女には通用しない。彼女の著作を読んで、読者は、その生の意欲と、人間への信頼と、不正への怒りに共感してほしい。出来ることなら、その強烈さを著者と競ってほしい。

（一九七八年）

＊この「解説」執筆は、五味川さんの喉頭ガン手術直前のもの。永遠に肉声を失う日を前にした「最後」の原稿である。一九九五年三月、七十九歳で亡くなられ、氏が私について書かれた唯一つの文章になった。ここに再録する所以である。（澤地）

沈黙をとく
――二〇〇六年六月のあとがき――

六月は沖縄戦の組織抵抗が終った月である。そして今年六月、イラクへ出兵した自衛隊の撤兵を小泉首相がはじめて言明。しかし、憲法違反というべき自衛隊のイラク出動を、今後は通常任務にふくめるという自衛隊法改正がなされ、防衛庁の省への格上げが日程にあがる形勢となった。

沖縄返還にあたり、日本政府がおこなった国民に対する欺瞞と裏切りの「密約」＝四百万ドル肩代り問題は、アメリカ公文書館の「極秘電報」の秘密解除（二〇〇〇年および二〇〇二年）、今年二月、当時のアメリカ局長吉野文六氏の「密約」容認発言のあとも、外務省当局の「密約」否認のまま、現在に至っている。

秘密電文持出しにかかわり、国家公務員法違反に問われた西山太吉『毎日新聞』記者と蓮見喜久子外務事務官の二人。いわゆる「下半身問題」にみごとにすりかえられた「密約」裁判の経過、法廷内外で明らかになった事情をからめ、第一審終結までを『密約――外務省機密漏洩事件』に書いた(昭和四十九年七月、中央公論社刊)。さらに西山太吉氏一人が被告人になった控訴審(蓮見被告は控訴せず。昭和五十一年七月二十日、西山氏有罪の判決)、西山氏の最高裁への上告、五十三年五月三十一日、最高裁上告棄却の決定、西山氏の有罪確定までを新たな章として加え、五十三年八月、増補版を出版した。私にとって二冊目の著作であるこの本は、同年九月、中公文庫にも入った。しかしそれから二十八年、絶版の状態がつづいていた。

いま、岩波現代文庫の一冊として「復活」する機会を得て、簡単に集約しきれない気持がある。それは、一九九八年四月からの二学年間、沖縄に居を定め、琉球大学法文学部大学院へ通ったこと、我部政明教授のセミナーの聴講をつづけながら、沖縄各地を訪ね歩き、日常化した基地下の生活を体験、多くの知己を得、沖縄が切実に身近かになったことにもからむ。

沖縄問題の底の深さ。サンフランシスコ講和条約、日米安保条約の「密約」により、がんじがらめの日米関係の要《かなめ》となっている沖縄の実情。そして、容易には心底を見せない沖縄人《うちなんちゅー》の一面を、したたかに実感する沖縄体験でもあった。

沖縄戦以後、米軍の施政権下におかれ、新憲法に対して「外国」であった沖縄。

昭和四十七(一九七二)年五月十五日、佐藤栄作内閣のもとに本土復帰した沖縄は、いまなお依然として米軍基地の島でありつづけている。それがいつ終るのか、期限なしの事態に直面させられる小泉内閣の対米姿勢を私たちは見てきた。

返還にあたり、本来、米国が支払うべきであった返還軍用地復元費用四百万ドル。日本はその肩代り支払いに応じ、アメリカが支払ったように見せかける外交文書の作為をおこなった。それが私の追った「密約」のテーマである。

四百万ドルの肩代り「密約」は、文字通り「日米密約」の氷山の一角であった。我部教授の『沖縄返還とは何だったのか――日米戦後交渉史の中で』(二〇〇〇年六月、NHK出版刊)に圧縮して書かれたように、ほかにも「核抜き」「事前協議」「財政問題――アメリカの金銭的利益」等に関して、多くの「密約」の存在が推測される。

返還以前の沖縄に、核兵器はあった。

その撤去費用に五千万ドルを請求されてそれを呑んでいるが、実際の費用は、十分の一の五百万ドルだった(一九七一年六月二十四日作成の米陸軍文書)。四百万ドル肩代りの「密約」について、佐藤内閣の責任感覚が稀薄なのは、他の支出に比べ、「小さな支出」に過ぎなかったからと言えそうである。

返還時、いったん核兵器を撤去しても、アメリカが必要とするときには、持込み自由という事実上の了解もなされた。事前協議は作戦行動に限定され、補給その他の準軍事行動をその対象からはずしている(「事前協議適用除外に関する日米密約」)。

核つきとなり得る米軍基地沖縄を容認する一方、施政権を取戻す代償として、日本は米国に総額で六億四千五百万ドルを支出した。我部教授によれば、この金額は「一九四五年以来、二十七年間に米政府が沖縄に投入した総費用に匹敵する」という。

ベトナム戦争時、「不沈空母沖縄」の存在は、アメリカの作戦遂行に不可欠であった。その軍事的拠点を、第二次大戦の戦勝国、戦後国際社会の軍事大国であるアメリカは絶対に手放したくないのだ。

「密約」によってその「権利」の保証を確保し、なおかつ、基地維持のための経済負担の分担を日本に求める。日米密約の全容は、現在もなお、秘密事項として封印されている。「思いやり」と称する日本の経済分担は、着実におこなわれて現在に至った。

ことは、沖縄限定ではないことを、私たちはいま、事実によって示されている。横須賀が原子力潜水艦の基地になろうとし、本土各地の米軍基地は、米軍再編成計画の中で、役割の強化がなされようとしている。

米軍独自の戦略によって、沖縄にいる海兵隊の一部はグアムへ移駐する。その費用七千億円の支出を日本は求められて支払う。米軍再編成費の日本分担金は三兆円といわれる。日米安保条約にはじまる日米間の「密約」の堆積。国家機密の壁によって阻まれ、主権者が知り得ず、したがって論議はなされず、効果的な反対表明もない長年月の結果がいま、事実として日本の主権者に課せられつつあるのだ。

この本で私は政府の対米「密約」と男女関係との比重の倒錯、本質のすりかえを初心者らしいしつこさで追求した。当時、「氷山の一角」という認識はあったが、かくされた全容が、主権国家であることをゆるがすほどのものであること、憲法とくに第九条改変へ向かわざるを得ない本質をふくむことまで考え及ばなかった。

アメリカ公文書館の秘密資料解禁の二〇〇二年、土江真樹子ディレクター（当時琉球放送所属）が果敢に番組を作り、はじめて西山太吉氏への取材に成功。西山氏は沖縄を初訪問し、嘉手納基地のフェンス前でTVカメラに向かってコメントを発表した。

土江さんは熱心に私の出演を求めたが、私は拒み通した。吉野文六発言のあと、事件当時生れていなかったと思われる若い記者から、くりかえし面談を求められた。しかし、その熱意に心を動かされながら、私は沈黙を守ってすごしてきた。

『密約』を書いたことで、私の果すべき役割は終り、残念ながらこの本にさらにつけくわえるべき事柄を私はもたない。バーンを若い世代にひきつぐべく、わかっていることは、書き手に許される限度ギリギリまで書いたと考えてのことである。それは、沖縄返還にあたっての密約の全容をつかむべく、果せずにいる一人の日本人としての自覚のせいでもある。

　そしていま、究明すべき「日米軍事密約」の壁は、かつてないほど厚くけわしい。外交上の取りきめは、「密約」をふくめて改変可能のものである。アメリカの運命共同体となって、世界の孤児になり、核兵器をふくむつぎなる戦争の当事者になる道から、日本は抜け出すべきであり、それは可能なはずである。

　容易ならない転換であっても、滅亡への選択を排する以上、その困難に耐え、現憲法を最高法規とする独立国として生れなおしたい。

　低次元の問題にまんまとすりかえられた「密約」問題は、世紀をこえて日本を拘束する対米関係からこぼれた「ほころび」であった。責任を問われるべき佐藤首相以下、ほとんどが故人となった。本質を見抜けず、「すりかえ」を許した主権者の責任は、現在の政治情況の前に立つ私たちに示唆と教訓をのこしているはずである。

二〇〇六年六月二十七日

澤地久枝

本書は一九七八年八月、中央公論社より刊行された。
底本には中公文庫版（一九七八年九月）を用いた。

密約——外務省機密漏洩事件

2006年8月17日　第1刷発行
2023年4月24日　第20刷発行

著　者　澤地久枝《さわちひさえ》

発行者　坂本政謙

発行所　株式会社　岩波書店
〒101-8002 東京都千代田区一ツ橋2-5-5

案内 03-5210-4000　営業部 03-5210-4111
https://www.iwanami.co.jp/

印刷・精興社　製本・中水製本

ISBN 978-4-00-603136-7　Printed in Japan

岩波現代文庫創刊二〇年に際して

二一世紀が始まってからすでに二〇年が経とうとしています。この間のグローバル化の急激な進行は世界のあり方を大きく変えました。世界規模で経済や情報の結びつきが強まるとともに、国境を越えた人の移動は日常の光景となり、今やどこに住んでいても、私たちの暮らしは世界中の様々な出来事と無関係ではいられません。しかし、グローバル化の中で否応なくもたらされる「他者」との出会いや交流は、新たな文化や価値観だけではなく、摩擦や衝突、そしてしばしば憎悪までをも生み出しています。グローバル化にともなう副作用は、その恩恵を遥かにこえていると言わざるを得ません。

今私たちに求められているのは、国内、国外にかかわらず、異なる歴史や経験、文化を持つ「他者」と向き合い、よりよい関係を結び直してゆくための想像力、構想力ではないでしょうか。

新世紀の到来を目前にした二〇〇〇年一月に創刊された岩波現代文庫は、この二〇年を通して、哲学や歴史、経済、自然科学から、小説やエッセイ、ルポルタージュにいたるまで幅広いジャンルの書目を刊行してきました。一〇〇〇点を超える書目には、人類が直面してきた様々な課題と、試行錯誤の営みが刻まれています。読書を通した過去の「他者」との出会いから得られる知識や経験は、私たちがよりよい社会を作り上げてゆくために大きな示唆を与えてくれるはずです。

一冊の本が世界を変える大きな力を持つことを信じ、岩波現代文庫はこれからもさらなるラインナップの充実をめざしてゆきます。

（二〇二〇年一月）

S322
菌世界紀行
―誰も知らないきのこを追って―
星野 保
大の男が這いつくばって、世界中の寒冷地にきのこを探す。雪の下でしたたかに生きる菌たちの生態とともに綴る、とっておきの〈菌道中〉。〈解説〉渡邊十絲子

S323-324
キッシンジャー回想録 中国(上・下)
ヘンリー・A・キッシンジャー
塚越敏彦ほか訳
世界中に衝撃を与えた米中和解の立役者であるキッシンジャー。国際政治の現実と中国の論理を誰よりも知り尽くした彼が綴った、決定的「中国論」。〈解説〉松尾文夫

S325
井上ひさしの憲法指南
井上ひさし
「日本国憲法は最高の傑作」と語る井上ひさし。憲法の基本を分かりやすく説いたエッセイ、講演録を収めました。〈解説〉小森陽一

S326
増補版 日本レスリングの物語
柳澤 健
草創期から現在まで、無数のドラマを描きる日本レスリングの「正史」にしてエンターテインメント。〈解説〉夢枕 獏

S327
抵抗の新聞人 桐生悠々
井出孫六
日米開戦前夜まで、反戦と不正追及の姿勢を貫きジャーナリズム史上に屹立する桐生悠々。その烈々たる生涯。巻末には五男による〈親子関係〉の回想文を収録。〈解説〉青木 理

S328
人は愛するに足り、真心は信ずるに足る
―アフガンとの約束―
中村哲
澤地久枝(聞き手)
戦乱と劣悪な自然環境に苦しむアフガンで、人々の命を救うべく身命を賭して活動を続けた故・中村哲医師が熱い思いを語った貴重な記録。

S329
負け組のメディア史
―天下無敵　野依秀市伝―
佐藤卓己
明治末期から戦後にかけて「言論界の暴れん坊」の異名をとった男、野依秀市。忘れられた桁外れの鬼才に着目したメディア史を描く。〈解説〉平山昇

S330
ヨーロッパ・コーリング・リターンズ
―社会・政治時評クロニクル 2014-2021―
ブレイディみかこ
人か資本か。優先順位を間違えた政治は希望を奪い貧困と分断を拡大させる。地べたから英国を読み解き日本を照らす、最新時評集。

S331
増補版 悪役レスラーは笑う
―「卑劣なジャップ」グレート東郷―
森達也
第二次大戦後の米国プロレス界で「卑劣な日本人」を演じ、巨万の富を築いた伝説の悪役レスラーがいた。謎に満ちた男の素顔に迫る。

S332
戦争と罪責
野田正彰
旧兵士たちの内面を精神病理学者が丹念に聞き取る。罪の意識を抑圧する文化において豊かな感情を取り戻す道を探る。

S333
孤塁
―双葉郡消防士たちの3・11―
吉田千亜

原発が暴走するなか、住民救助や避難誘導、原発構内での活動にもあたった双葉消防本部の消防士たち。その苦闘を初めてすくいあげた迫力作。新たに「『孤塁』その後」を加筆。

S334
ウクライナ 通貨誕生
―独立の命運を賭けた闘い―
西谷公明

自国通貨創造の現場に身を置いた日本人エコノミストによるゼロからの国づくりの記録。二〇一四年、二〇二二年の追記を収録。〈解説〉佐藤 優

S335
「科学にすがるな！」
―宇宙と死をめぐる特別授業―
佐藤文隆
艸場よしみ

「死とは何かの答えを宇宙に求めるな」と科学論に基づいて答える科学者vs.死の意味を問い続ける女性。3・11をはさんだ激闘の記録。〈解説〉サンキュータツオ

S336
増補 空疎な小皇帝
「石原慎太郎」という問題
斎藤貴男

差別的な言動でポピュリズムや排外主義を煽りながら、東京都知事として君臨した石原慎太郎。現代に引き継がれる「負の遺産」を、いま改めて問う。新取材を加え大幅に増補。

S337
鳥肉以上、鳥学未満。
―Human Chicken Interface―
川上和人

ボンジリってお尻じゃないの？ 鳥の首はろくろ首!? トリビアもネタも満載。キッチンから始まる、とびっきりのサイエンス。〈解説〉枝元なほみ

岩波現代文庫［社会］

S338-339

あしなが運動と玉井義臣（上・下）
——歴史社会学からの考察——

副田義也

日本有数のボランティア運動の軌跡を描き出し、そのリーダー、玉井義臣の活動の意義を歴史社会学的に考察。〈解説〉苅谷剛彦

2023. 4